城市轨道交通职业教育系列教材 —— 城市轨道交通控制
CHENGSHI GUIDAO JIAOTONG ZHIYE JIAOYU XILIE JIAOCAI
CHENGSHI GUIDAO JIAOTONG KONGZHI

城市轨道交通车载信号系统

主　编 ○ 王　磊　段立正
副主编 ○ 赖成红　陈朝术　于久成
主　审 ○ 付　兵

西南交通大学出版社
·成都·

内容提要

本书介绍了城市轨道交通 ATP 系统组成、工作原理及功能。对城市轨道交通信号主流厂家的 ATP 系统从结构组成、设备种类、基本工作原理、系统功能等方面作了深入浅出的描述。在认识系统的结构和原理的基础上，以众合科技（安萨尔多）ATP 系统为例，进行了设备维护基本要求和工艺流程的介绍。在内容上，先进行城市轨道交通信号系统、CBTC 信号系统组成、工作原理的介绍，后介绍了各主流厂家（众合科技、卡斯柯、交控科技）的 ATP 系统结构、系统原理、设备组成、系统功能等。

本书可作为高职高专、中专的教材，也可作为城市轨道交通在职员工的培训教材或参考资料，以及本科院校相关专业师生的自学参考书。

图书在版编目（CIP）数据

城市轨道交通车载信号系统 / 王磊，段立正主编. —成都：西南交通大学出版社，2016.8（2022.12 重印）
城市轨道交通职业教育系列教材. 城市轨道交通控制
ISBN 978-7-5643-4901-1

Ⅰ.①城… Ⅱ.①王… ②段… Ⅲ.①轻轨车辆 – 信号设备 – 职业教育 – 教材 Ⅳ.①U239.5

中国版本图书馆 CIP 数据核字（2016）第 190379 号

城市轨道交通职业教育系列教材——城市轨道交通控制

城市轨道交通车载信号系统

主编 王磊 段立正

责 任 编 辑	孟苏成	
封 面 设 计	何东琳设计工作室	
出 版 发 行	西南交通大学出版社 （四川省成都市二环路北一段 111 号 西南交通大学创新大厦 21 楼）	
发行部电话	028-87600564　028-87600533	
邮 政 编 码	610031	
网　　　　址	http://www.xnjdcbs.com	
印　　　　刷	四川五洲彩印有限责任公司	
成 品 尺 寸	185 mm × 260 mm	
印　　　　张	10.5	
字　　　　数	235 千	
版　　　　次	2016 年 8 月第 1 版	
印　　　　次	2022 年 12 月第 2 次	
书　　　　号	ISBN 978-7-5643-4901-1	
定　　　　价	26.00 元	

课件咨询电话：028-87600533
图书如有印装质量问题　本社负责退换
版权所有　盗版必究　举报电话：028-87600562

前　言

轨道交通以其便捷、舒适等其他交通工具无法比拟的优越性，成为城市交通发展新的热点和重点。当前，我国的城市轨道交通正处在大发展、大建设时期。截至2014年底，我国已有38个城市经国家批准建设轨道交通，规划总里程超过6 880 km。据"中国城市轨道交通年度报告"课题组和中国土木工程学会城市轨道交通技术工作委员会初步统计，截至2015年12月31日，已有25个城市拥有了110条建成并运营的城市轨道交通线路，运营总里程达3 293 km。

在城市轨道交通系统中，信号系统是一个集行车指挥和列车运行控制为一体的非常重要的机电系统，它直接关系到城市轨道交通系统的运营安全、运营效率以及服务质量。它保证乘客和列车的安全，实现列车快速、高密度、有序运行的功能。

借助于现代计算机技术、通信技术和控制技术的飞速发展，城市轨道交通信号技术的发展也十分迅速，并实现了重大突破。随着现代通信技术与信号控制技术相结合，基于通信的列车控制系统（Communication Based Train Control System，简称CBTC）因此而诞生，实现了车站、区间、列车控制及行车调度自动化的一体化，打破了功能单一、控制分散、通信信号相对独立的传统技术理念，推动了信号技术向数字化、智能化、网络化和一体化方向发展。

城市轨道交通信号系统的核心是列车自动控制（ATC）系统。它由计算机联锁子系统（CBI）、列车自动防护（ATP）子系统、列车自动驾驶（ATO）子系统、列车自动监控（ATS）子系统构成。各子系统之间相互渗透，实现地面控制与车上控制相结合、现地控制与中央控制相结合，构成一个以安全设备为基础，集行车指挥、运行调整以及列车驾驶自动化等功能为一体的自动控制系统。它是现代城市轨道交通的核心控制技术之一。

信号系统故障由于种类较多、影响较大、处理较难、预见性较差，一直以来都是城市轨道交通运营工作的难点。信号设备故障一般会造成列车晚点、行车间隔较大、列车舒适度较差等问题，关键设备故障甚至会造成危及行车安全的大事故。

ATP系统的功能是对列车运行进行超速防护，对与安全有关的设备实行监控，实现列车位置检测，保证列车间的安全间隔，保证列车在安全速度下运行，完成信号显示、故障报警、降级提示、列车参数和线路参数的输入，与ATS、ATO及车辆系统接口并进行信息交换。

ATP系统不断将从地面获得的前行列车位置信息、线路信息、前方目标点的距离和允许速度信息等通过轨道电路等传至车上，由车载设备计算得到当前所允许的速度，或由行车指挥中心计算出目标速度传至车上，由车载设备测得实际运行速度，依此来对列车速度实行监督，使之始终在安全速度下运行，以缩短列车运行间隔，保证行车安全。

本书介绍了城市轨道交通ATP系统的组成、工作原理及功能。对城市轨道交通信号主流厂家的ATP系统从结构组成、设备种类、基本工作原理、系统功能等方面作了深入浅出的描述。在认识系统的结构和原理的基础上，以众合科技（安萨尔多）ATP系统为例，进行了设备维护基本要求和工艺流程的介绍。在内容上，先进行城市轨道交通信号系统、CBTC信号系统组成、工作原理的介绍，后介绍了各主流厂家（众合科技、卡斯柯、交控科技）的ATP系统结构、系统原理、设备组成、系统功能等。

本书的参编人员一部分是地铁公司经验丰富的技术人员，另一部分是从事轨道交通职业技术教育的教师，本书在内容组织上符合循序渐进的教学规律，从理论知识准备到实际设备应用两个模块加深学生的学习印象，按照以工作过程为导向，以职业能力培养为重点，按项目化教学方法教学的教学理念，全书分为5个学习项目，是一本理论与实践相结合的专业教材。

本教材由成都地铁公司王磊、段立正任主编，成都工业职业技术学院（原成都铁路运输学校）赖成红、四川管理职业学院（原内江铁路机械学校）陈朝术和重庆铁路运输高级技工学校于久成任副主编，成都工业职业技术学院付兵主审。参加本书编写的人员还有：成都地铁公司郑进，成都工业职业技术学院黄浩勇、江蓉秋。全书由成都地铁公司段立正和成都工业职业技术学院赖成红统稿。

在教材编写资料搜集过程中，得到成都地铁公司、上海地铁公司、铁道第二勘测设计院等多个单位同行的支持和帮助，在此表示由衷的感谢。

由于我国城市轨道交通信号系统引入多国技术，制式较多，资料难以收集齐全，再加上编者水平所限，书中难免有疏漏和不妥之处，恳请读者批评指正。

编　者

2016年5月

目　录

项目 1　城市轨道交通 ATP 信号系统概述 ··· 1
　典型工作任务 1　城市轨道交通信号系统概述 ·· 2
　典型工作任务 2　ATP 系统结构及功能 ··· 12
　典型工作任务 3　ATP 系统分类及工作原理 ··· 22
　【复习思考题】 ··· 27

项目 2　众合科技（安萨尔多）ATP 系统 ··· 29
　典型工作任务 1　车载子系统设备的组成及功能 ·· 29
　典型工作任务 2　轨旁子系统设备的组成及功能 ·· 40
　典型工作任务 3　ATP/ATO 系统功能 ·· 49
　【复习思考题】 ··· 60

项目 3　交控科技 ATP 系统 ·· 61
　典型工作任务 1　车载子系统设备的组成及功能 ·· 61
　典型工作任务 2　轨旁子系统设备的组成及功能 ·· 72
　典型工作任务 3　ATP/ATO 系统功能 ·· 83
　【复习思考题】 ··· 113

项目 4　卡斯柯 ATP 系统 ·· 114
　典型工作任务 1　车载子系统设备的组成及功能 ·· 114
　典型工作任务 2　轨旁子系统设备的组成及功能 ·· 121
　典型工作任务 3　ATP/ATO 系统功能 ·· 129
　【复习思考题】 ··· 138

项目 5　ATP 系统维护流程及检修标准 ··· 139
　典型工作任务 1　车载子系统维护 ··· 139
　典型工作任务 2　地面子系统维护 ··· 150
　【复习思考题】 ··· 160

参考文献 ·· 161

项目 1　城市轨道交通 ATP 信号系统概述

【项目描述】

1. 城市轨道交通信号系统的组成及功能。
2. 城市轨道交通信号系统硬件设备的地域分布及功能。
3. CBTC 信号系统的结构组成及作用。
4. ATP 的基本概念。
5. ATP 系统的基本功能。
6. 车载 ATP 系统的组成。
7. 轨旁 ATP 系统的组成。
8. 点式 ATP 系统的设备组成。
9. 点式 ATP 系统的工作原理。
10. 连续式 ATP 系统的工作原理。
11. ATP 系统车地双向通信原理。

【项目目标】

1. 掌握城市轨道交通信号系统的组成及功能。
2. 掌握城市轨道交通信号系统硬件设备的地域分布及功能。
3. 掌握 CBTC 信号系统的结构组成及作用。
4. 掌握 ATP 的基本概念及功能。
5. 掌握 ATP 系统的组成。
6. 理解 ATP 系统的硬件组成及作用。
7. 了解 ATP 系统的技术要求。
8. 理解点式 ATP 系统的工作原理。
9. 理解连续式 ATP 系统的工作原理。
10. 了解 ATP 系统车地双向通信原理。

典型工作任务 1　城市轨道交通信号系统概述

【工作任务】

1. 掌握城市轨道交通信号系统的组成及功能。
2. 掌握城市轨道交通信号系统硬件设备的地域分布及功能。
3. 掌握 CBTC 信号系统的结构组成及作用。

【知识准备】

众所周知，轨道交通主要的作用就是运输，轨道交通从发明之初的成本高昂、效率低下，到现在成为全世界最主要运输方式之一，其原因离不开轨道交通设备、运行控制系统的改良和完善，这使得轨道交通运输更加安全、高效。无论是最初的手旗指挥列车运行，到后来的臂板、灯光显示，发展到现在列车依据地面信号及车载信号行车；还是对区段的划分由固定闭塞到准移动闭塞，再到移动闭塞的行车间隔划分模式，都是在不断追求列车安全高效运行这个目标时，衍生而出的产物。安全性和高效性是轨道交通在百年演变中永恒不变的要素，而能保障这两点的就是在这个过程中产生的信号系统。

作为列车运行中枢的信号系统，其功能是在列车运行时保证安全、提高效率，如果它发生故障，将会造成列车的晚点、延误；或是因为信号系统故障，使操作人员违规操作引发更大的事故。例如，有乘客拉动紧急停车手柄，由于列车车载信号设备故障，列车本该停车，却在车门开启后未能停车，引发人身安全事故；进路排列后，道岔本应锁闭，因为信号系统故障，却在列车进入道岔区段后道岔处于四开状态，引发重大事故。这些情况都会造成危及行车安全的后果，对于轨道交通信号设备或系统是绝对不允许这种情况发生的。也就是说，对于轨道交通信号设备或系统，其最初设计功能是为了防护外界不利因素导致的对列车安全性的影响和效率的降低，但是可能由于信号系统本身故障而出现危及行车安全的后果，所以信号设备和系统设计的时候必须遵循"故障-安全"原则。现代信号系统中都会有专门的设备来实现这一原则。

一、城市轨道交通信号系统的组成

城市轨道交通信号系统通常由列车运行自动控制系统（Automatic Train Control，简称 ATC 系统）和车辆段信号控制系统两大部分组成，用于列车进路控制、列车间隔控制、调度指挥、信息管理、设备工况监测及维护管理，由此构成一个高效综合自动化系统。ATC 系统构成如图 1-1 所示。

图 1-1 ATC 系统构成图

列车自动控制（ATC）系统是城市轨道交通信号系统最重要的组成部分，它的运用可实现行车指挥和列车运行自动化，能最大限度地保证列车运行安全，提高运输效率，减轻运营人员的劳动强度，发挥城市轨道交通的通过能力。ATC 系统的技术含量高，运用了许多当代重要的科技成果。它将机车信号作为主信号，且信号的含义也发生了质的变化。它传递给列车的是具体的速度和距离信息，能可靠地防止由于司机的失误而超速造成的追尾事故，确保列车运行安全。

ATC 系统包括 5 个原理功能：ATS 功能、联锁功能、列车检测功能、ATC 功能和 PTI（列车识别）功能。

（1）ATS 功能：可自动或由人工控制进路，进行行车调度指挥，并向行车调度员和外部系统提供信息。ATS 功能主要由位于 OCC（控制中心）内的设备实现。

（2）联锁功能：响应来自 ATS 功能的命令，在随时满足安全准则的前提下，管理进路、道岔和信号的控制，将进路、轨道电路、道岔和信号的状态信息提供给 ATS 和 ATC 功能。联锁功能由分布在轨旁的设备来实现。

（3）列车检测功能：一般由轨道电路完成。

（4）ATC 功能：在联锁功能的约束下，根据 ATS 的要求实现列车运行的控制。ATC 功能有 3 个子功能：ATP/ATO 轨旁功能、ATP/ATO 传输功能和 ATP/ATO 车载功能。ATP/ATO 轨旁功能负责列车间隔和报文生成；ATP/ATO 传输功能负责发送感应信号，它包括报文和 ATC 车载设备所需的其他数据；ATP/ATO 车载功能负责列车的安全运营、列车自动驾驶，且给信号系统和司机提供接口。

（5）PTI 功能：是通过多种渠道传输和接收各种数据，在特定的位置传给 ATS，向 ATS 报告列车的识别信息、目的号码和乘务组号及列车位置数据，以优化列车运行。

ATC 系统基本构成如下：

➢ 列车自动监控系统（Automatic Train Supervision，简称 ATS）。
➢ 列车自动防护子系统（Automatic Train Protection，简称 ATP）。
➢ 列车自动运行系统（Automatic Train Operation，简称 ATO）。

3 个子系统通过信息交换网络构成闭环系统，实现地面控制与车上控制结合、现地控制与中央控制结合，构成一个以安全设备为基础，集行车指挥、运行调整以及列车驾驶自动化等功能为一体的列车自动控制系统。

1. 列车自动监控子系统（ATS）

ATS子系统包括控制中心设备和ATS车站、车辆段分机。控制中心ATS设备有中心计算机系统、工作站、显示屏、绘图仪、打印机、UPS等。每个控制站设一台ATS分机，用于采集车站设备的信息和传送控制命令，并实现车站进路自动控制功能。车辆段ATS分机用于采集车辆段内库线的列车占用情况及进/出车辆段的列车信号机的状态。

此外，在ATC范围内的各正线控制站各设一套联锁设备，用以实现车站进路控制。联锁设备接收车站值班员和ATS控制。考虑到运用的灵活性，正线有岔站原则上独立设置联锁设备，当然也可以采用区域控制方法。

ATS系统在ATP系统的支持下完成对列车运行的自动监控，实现以下基本功能：

（1）通过ATS车站设备，能够采集轨旁及车载ATP提供的轨道占用状态、进路状态、列车运行状态以及信号设备故障等控制和监督列车运行的基础信息。

（2）根据联锁表、计划运行图及列车位置，自动生成输出进路控制命令，传送至车站联锁设备，设置列车进路、控制列车停站时分。

（3）列车识别跟踪、传递和显示功能。系统能自动完成正线区段内列车识别号（服务号、目的地号、车体号）跟踪，列车识别号可由中央ATS自动生成或调度员人工设定、修改，也可由列车经车-地通信向ATS发送识别号等信息。

（4）列车计划与实迹运行图的比较和计算机辅助调度功能。能根据列车运行实际的偏离情况，自动生成调整计划供调度员参考或自动调整列车停站时分，控制发车时间。

（5）ATS中央故障情况下的降级处理，由调度员人工介入设置进路，对列车运行进行调整，由ATS车站完成自动进路或根据列车识别号进行自动信号控制，由车站人工进行进路控制。

（6）在计算机辅助下完成对列车基本运行图的编制及管理，并具有较强的人工介入能力。通过设在车辆段的终端，向车辆段管理及行车人员提供必要的信息，以便编制车辆运用计划和行车计划。

（7）列车运行显示屏及调度台显示器，能对轨道区段、道岔、信号机和在线运行列车等进行监视，能在行调工作站上给出设备故障报警及故障源提示。

（8）能在中央专用设备上提供模拟和演示功能，用于培训及参观。能自动进行运行报表统计，并根据要求进行显示打印。

（9）能在车站控制模式下与计算机联锁设备结合，将部分或所有信号机置于自动模式状态。

（10）可以向无线通信、广播、旅客向导系统提供必要的信息。

2. 列车自动防护子系统（ATP）

ATP系统由地面设备、车载设备组成，监督列车在安全速度下运行，确保列车一旦超过规定速度，立即施行制动，主要实现以下功能：

（1）自动连续地对列车位置进行检测，并向列车发送必要的速度、距离、线路条件等信息，以确定列车运行的最大安全速度。提供列车速度保护，在列车超速时提供常用制动或紧急制动，保证前行与后续列车之间的安全间隔，满足正向行车时的设计行车间隔和折返间隔。对反向运行列车能进行 ATP 防护。

（2）确保列车进路正确及列车的运行安全。确保同一进路上的不同列车之间具有足够的安全距离，以防止列车侧面冲撞。

（3）防止列车超速运行，保证列车速度不超过线路、道岔、车辆等规定的允许速度。

（4）为列车车门的开启提供安全、可靠的信息。

（5）根据联锁设备提供的进路上轨道区间运行方向，确定相应轨道电路发码方向。

（6）任何车-地通信中断以及列车的非预期移动（含退行）、任何列车完整性电路的中断、列车超速（含临时限速）、车载设备故障等均将产生安全性制动。

（7）实现与 ATS 的接口和有关的交换信息。

（8）系统的自诊断、故障报警、记录。

（9）列车的实际速度、推荐速度、目标速度、目标距离等信息的记录和显示。具有人工或自动轮径磨耗补偿功能。

采用轨道电路传送 ATP 信息时，ATP 子系统由设于控制站的轨旁单元、设于线路上各轨道电路分界点的调谐单元和车载 ATP 设备组成，并包括与 ATS、ATO、联锁设备的接口设备。

3. 列车自动驾驶子系统（ATO）

ATO 子系统是控制列车自动运行的设备，由车载设备和地面设备组成，在 ATP 系统的保护下，根据 ATS 的指令实现列车运行的自动驾驶、速度的自动调整、列车车门控制。

（1）自动完成对列车的起动、牵引、巡航、惰行和制动的控制，以较高的速度进行追踪运行和折返作业，确保达到设计间隔及旅行速度。

（2）在 ATS 监控范围的入口及各站停车区域（含折返线、停车线）进行车-地通信，将列车有关信息传送至 ATS 系统，以便于 ATS 系统对在线列车进行监控。

（3）控制列车按照运行图进行运行，达到节能及自动调整列车运行的目的。

（4）ATO 自动驾驶时实现车站站台定点停车控制、舒适度控制及节省能源控制。

（5）能根据停车站台的位置及停车精度，自动地对车门进行控制。

（6）与 ATS 和 ATP 结合，实现列车自动驾驶、有人或无人驾驶。

使用 ATO 后，可使列车经常处于最佳运行状态，避免了不必要的、过于剧烈的加速和减速，因此明显提高了乘客的舒适度，提高了列车正点率并减少了能量消耗和轮轨磨损。

4. 车辆段联锁设备

车辆段设一套联锁设备，用以实现车辆段的进路控制，并通过 ATS 车辆段分机与行车指挥中心交换信息。

车辆段联锁设备前期采用 6502 电气集中联锁，近来均采用计算机联锁。

先进的车辆段信号控制系统的特点是信号一体化,包括联锁系统、进路控制设备、接近通知、终端过走防护和车次号传输设备等。这些设备由局域网连接并经过光缆与调度中心相通。列车的整备、维修与运行相互衔接成一个整体,保证了城市轨道交通的高效率和低成本。

车辆段内试车线设若干段与正线相同的 ATP 轨道电路和 ATO 地面设备,用于对车载 ATC 设备进行静、动态试验。

在车辆段停车库,一般还设有日检/月检设备,用来对列车进行上线前的常规检测。

二、硬件设备

按地域将城市轨道交通信号设备划分为 5 部分:控制中心设备、车站及轨旁设备、车辆段设备、试车线设备、车载 ATC 设备。

1. 控制中心设备

控制中心设备属于 ATS 子系统,是 ATC 的核心。控制中心设备主要包括中心计算机系统、综合显示屏、调度员及调度长工作站、运行图工作站、培训/模拟工作站、绘图仪和打印机、维修工作站、UPS 及蓄电池。其中综合显示屏、调度员及调度长工作站设于主控制室。控制主机、通信处理器、数据库服务器、维修工作站设于设备室。运行图工作站设于运行图室。绘图仪和打印机设于打印室。培训/模拟工作站设于培训室。UPS 设于电源室,蓄电池设于蓄电池室。

(1)中心计算机系统。中心计算机系统包括控制主机、通信处理器、数据库服务器、局域网及各自的外部设备,为保证系统的可靠性,主要硬件设备均为主/备双套热备方式,可自动或人工切换。该系统能满足自动控制、调度员人工控制及车站控制的要求。

(2)综合显示屏。综合显示屏设于控制中心的控制室,用来监视正线列车运行情况及系统设备状态,由显示设备和相应的驱动设备组成。

(3)调度员及调度长工作站。调度员及调度长工作站用于行车调度指挥。

(4)运行图工作站。运行图工作站用于运行计划的编制和修改,通过人机对话可以实现对运行时刻表的编辑、修改及管理。

(5)培训/模拟工作站。培训/模拟工作站配有各种系统的编辑、装配、连接和系统构成工具以及列车运行仿真的软件。它可与调度员工作站显示相同的内容、有相同的控制功能,能仿真列车在线运行及各种异常情况,而不参与实际的列车控制。实习操作员可通过它模拟实际操作,培养系统控制和各种情况下的处理能力。

(6)绘图仪和打印机。彩色绘图仪和彩色激光打印机,用于输出运行图及各种报表。

(7)维修工作站。维修工作站主要用于 ATS 系统的维护、ATC 系统故障报警处理和车站信号设备的监测。

(8)UPS 及蓄电池组。控制中心配备在线式 UPS 及可提供 30 min 后备电源的蓄电池组。

2. 车站及轨旁设备

车站分集中联锁站和非集中联锁站。集中联锁站一般为有道岔车站，也可能是无道岔的车站。非集中联锁站一般为无道岔的车站。有道岔车站根据需要和可能也可以由邻近车站控制，而成为非集中联锁站。

1）集中联锁站及轨旁设备

集中联锁站设有 ATS 车站分机、车站联锁设备、ATP/ATO 系统地面设备、电源设备、维修终端、乘客向导显示牌、紧急关闭按钮以及信号机及发车指示器、转辙机。

（1）ATS 车站分机。集中联锁站设一台 ATS 分机，用于采集车站设备的信息，接收控制命令，实现车站进路的自动控制。

（2）车站联锁设备。车站设继电集中联锁或计算机联锁，能接收车站值班员和 ATS 系统的控制，用以实现车站进路的自动控制。

（3）ATP/ATO 系统地面设备。ATP 地面设备包括：轨道电路或计轴器，ATP 地面编码发码设备，与 ATS、ATO、联锁设备的接口，用于实现列车占用的检测和发送 ATP 信息，实现列车运行超速防护。

ATO 地面设备包括：站台电缆环路，TWC 设备，以及与 ATP、联锁设备的接口设备，用于发送 ATO 命令，实现列车最佳控制或列车自动驾驶。

（4）电源设备。集中联锁车站配备一套适用于联锁设备、ATS、ATP、ATO 设备的在线式 UPS 及可提供 15 min 后备电源的蓄电池组。

（5）维修终端。维修终端设维修用彩色显示器、键盘及鼠标，显示与控制用显示器相同的内容及必要的维修信息，并能对信号设备进行自动、手动测试，但不能进行控制。

（6）乘客向导显示牌。在站台适当位置设乘客向导显示牌，用于显示接近列车的到站时间等。

（7）紧急关闭按钮。紧急关闭按钮用于在遇到紧急情况危及行车安全时，关闭信号，使列车停车。

（8）信号机及发车指示器。正线上防护信号机设于道岔区段，线路尽头设阻挡信号机，用于指示列车运行，防护列车进路。在正向出站方向的站台侧列车停车位置前方设置发车指示器，指示列车出站。

（9）转辙机。转辙机用于转换道岔。对于直尖轨道岔，采用单机牵引；对于 AT 道岔，采用双机牵引。可采用外锁闭装置，也可采用内锁闭方式。当前采用的转辙机为电动转辙机或电动液压转辙机，有直流、交流两种类型。

2）非集中联锁站及轨旁设备

非集中联锁站的设备只有发车指示器、紧急关闭按钮和乘客向导显示牌。无道岔的非集中联锁站轨旁仅有轨道电路的耦合单元等。有道岔的非集中联锁站除了轨旁的耦合单元外，还有防护信号机和转辙机。

3. 车辆段信号设备

车辆段信号设备包括 ATS 分机、车辆段终端、联锁设备、维修终端、信号机、转辙机、轨道电路、电源设备。

（1）ATS 分机。车辆段设一台 ATS 分机，用于采集车辆段内存车库线的列车占用及进/出车辆段的列车信号机的状态，以在控制中心显示屏上给出以上信息的显示。

（2）车辆段终端。车辆段派班室和信号楼控制台室各设一台终端，与车辆段 ATS 分机相连。

（3）联锁设备。车辆段设一套联锁设备，实现车辆段的进路控制，并通过 ATS 分机与控制中心交换信息。联锁设备只受车辆段值班员人工控制。

（4）维修终端。设备室内设维修用彩色显示器、键盘及鼠标，显示与控制室相同的内容及维修、监测有关信息，并能对信号设备进行自动或手动测试，但不能控制进路。

（5）信号机。车辆段入口处设进段信号机，出口处设出段信号机，存车库线中间进段方向设列车阻挡信号机，段内其他地点根据需要设调车信号机。

（6）转辙机。车辆段内每组道岔设一台电动转辙机或电动液压转辙机。

（7）轨道电路。车辆段内轨道电路多采用 50 Hz 相敏轨道电路，检查列车的占用和空闲。

（8）电源设备。车辆段信号楼内设置适合于联锁设备、ATS 设备的 UPS 及蓄电池。

4. 试车线设备

试车线上设若干段与正线相同的 ATP/ATO 地面设备，用于对车载 ATC 设备的试验。试车线设备室内设置用于改变试车线运行方向和速度的控制台。试车线设备室配备一套适合于 ATP/ATO 设备的 UPS，不设蓄电池、电源屏。

5. 车载 ATC 设备

车载设备包括 ATP 和 ATO 两部分，用来接收轨旁设备传送的 ATP/ATO 信息，计算列车运行曲线，测量列车运行速度和走行距离，实行列车运行超速防护以及列车自动运行，保证行车安全和为列车提供最佳运行方式。

三、CBTC 系统结构

20 世纪 80 年代以后，在通信技术快速发展的前提下，阿尔卡特、西门子、阿尔斯通等公司相继推出了基于通信技术的列车控制（简称 CBTC—Communication Based Train Control）ATC 系统，如图 1-2 所示。该系统不依靠轨道电路向列车运行控制系统车载设备传递信息，而是利用通信技术实现"车地双向通信"并实时地传递"列车定位"信息。通过车载设备、轨旁通信设备实现列车与车站或控制中心之间的信息交换，完成速度控制。系统通过建立车地之间连续、双向、高速的通信，使列车命令和状态可以在车辆和地面之间进行实时可靠的交换，并确定列车的准确位置及列车间的相对距离，保证列车的安全间隔。列车安全间隔距离是根据最大允许车速、当前停车点位置、线路等信息计算得出的，信息被循环更新，以保证列车不间断收到即时信息。

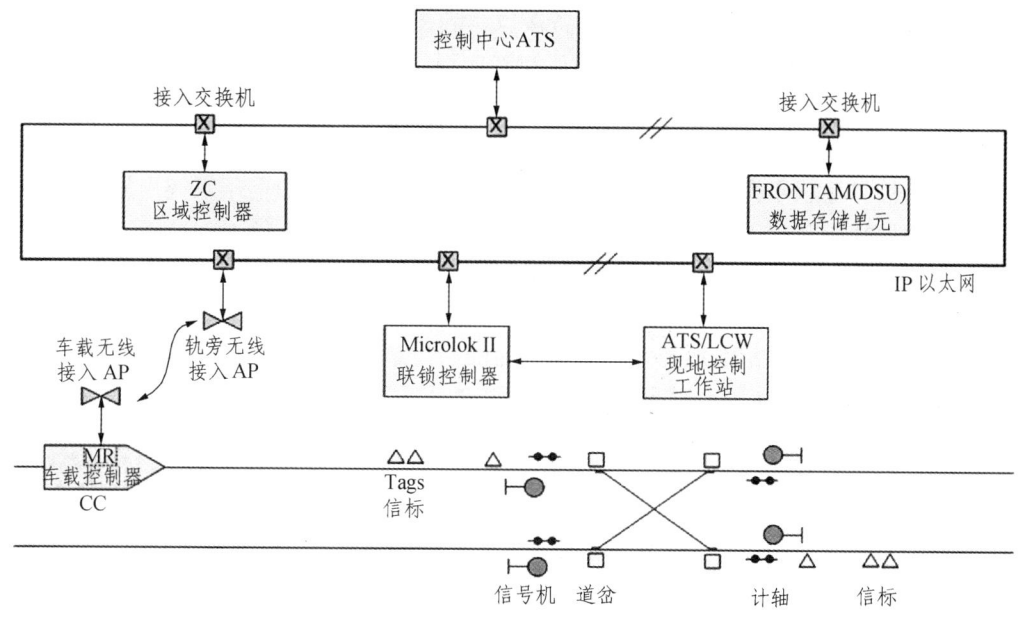

图 1-2　CBTC 系统结构图

1. 中央列车自动监控子系统（ATS）

列车自动监控子系统设备负责执行各种功能，如确认、跟踪和显示列车等，它有人工和自动进路设置功能以及调整列车的运行以保证运行时间。

2. 区域控制器（ZC）

区域控制器安装在轨旁，是基于处理器的安全控制器。每个区域控制器通过数据通信子系统和车载控制器连接。区域控制器通过运用CBTC的移动闭塞概念，确保列车的安全运行。临时速度限制（TSR）储存在区域控制器中。

区域控制器基于已知的障碍地点和列车位置，确定预定义的地区（区域）内所有列车的移动权限。区域控制器接收临时限速（TSR）指令以及该区域内列车发出的位置信息。区域控制器与 MicroLok Ⅱ 接口，以控制和表示轨旁设备。每个区域控制器都是以"3 取 2"表决配置为基础。临时限速（TSR）储存在 ZC 中。

3. 数据存储单元 Frontam

数据存储单元给区域控制器（ZC）和车载控制器（CC）提供轨道数据描述。另外，也采集区域控制器（ZC）和车载控制器（CC）维护信息。数据存储单元传递维护信息给中央维护服务器（CMS）。数据存储单元也提供允许从 ATS 到区域控制器（ZC）和车载控制器（CC）通信的接口。

4. 联锁控制器 MicroLok Ⅱ

MicroLok Ⅱ 负责安全执行传统联锁功能。MicroLok Ⅱ 从辅助列车检查计轴系统中获得列车位置信息。MicroLok Ⅱ 与轨旁设备接口，诸如转辙机、LED 信号机等。为保证正确的 CBTC 运行，MicroLok Ⅱ 还与区域控制器（ZC）接口。

如果区域控制器、数据通信系统或是车载控制器出故障，MicroLok 将提供列车的安全运行条件，并用轨旁 LED 信号机来实现。如果数据通信子系统或车载控制器出现故障，列车以地面信号显示作为主体信号运行。另外，如果只有数据通信子系统出故障，系统提供超速防护功能并防止列车冒进红灯信号。

5. 集成了 ATS 车站工作站和本地控制工作站功能的工作站

集成了 ATS 工作站/本地控制工作站功能的工作站位于设备集中站的本地调度室。该工作站通常用于监督列车运行，也可用于联锁的人工控制。集成后的 ATS 工作站/LCW 本地工作站提供两种控制功能和操作界面。原 LCW 本地工作站和原 ATS 工作站的所有功能将各自保留在集成后的工作站中。涉及 ATS 工作站/LCW 本地工作站的其他章节，ATS 和 LCW 的功能替换方法亦如此。

如果中央和本地 ATS 功能均不可用，MicroLok 自动设置正线追踪的直通进路，并在终端站自动提供折返进路。MicroLok 会自动建立列车进路，直到调度员使用本地控制工作站（LCW）进行干预或是 ATS 重启才会停止。在正线上 MicroLok 会建立接近进路。当列车接近信号机，MicroLok 会检查直向通过进路并在进路已设置时开放信号机。一旦列车越过信号机，直到下一列车接近此信号机前信号机都保持红色显示。对于 CBTC 列车，ZC 将提供 MicroLok 建立的进路的移动授权。对于终端站折返，MicroLok 定义了默认的进路。在此终端站上，所有折返都采用该默认进路。还可从 LCW 上选择另一条替代的进路。

6. 车载控制器（CC）子系统

车载控制器（CC）包括基于微处理器的控制器、相关速度测量及位置定位传感器（在轨旁信标的辅助下）。车载设备与列车的各子系统接口，并通过 DCS 与区域控制器接口。车载控制器负责列车定位、允许速度执行、移动授权以及其他有关的 ATP 和 ATO 功能。CC ATP 采用"3 取 2"表决方式。每端的 ATO 有一套冗余的设备。如果一个 ATO 单元故障，同一端的另一个 ATO 单元将接替工作。切换是自动的（不影响列车运行），不需要人工干预。

7. 数据通信子系统 DCS

数据通信子系统（DCS）使用 UDP/IP 协议，在信号系统各设备之间提供双向的安全的数据交换。用户数据包协议是一个非连接协议。在应用层，有另一种称为 Reliable P 的协议，给事件驱动消息提供点到点的转发机制。DCS 系统采用有线 IEEE 802.3，无线 IEEE 802.11 g 的通信标准，提供开放式的接口。它是一个非安全的系统，但是通过其传送的消息受安全算法的保护。系统设计能够消除单个独立故障或多个相关故障对系统的影响,通信系统对列车控制操作是透明的。

四、CBTC 系统控制等级

CBTC 系统提供 3 个列车控制等级:CBTC,点式 ATP 和联锁控制。每一个等级基于各个列车控制子系统的运行状态提供相应的操作和性能,如图 1-3 所示。

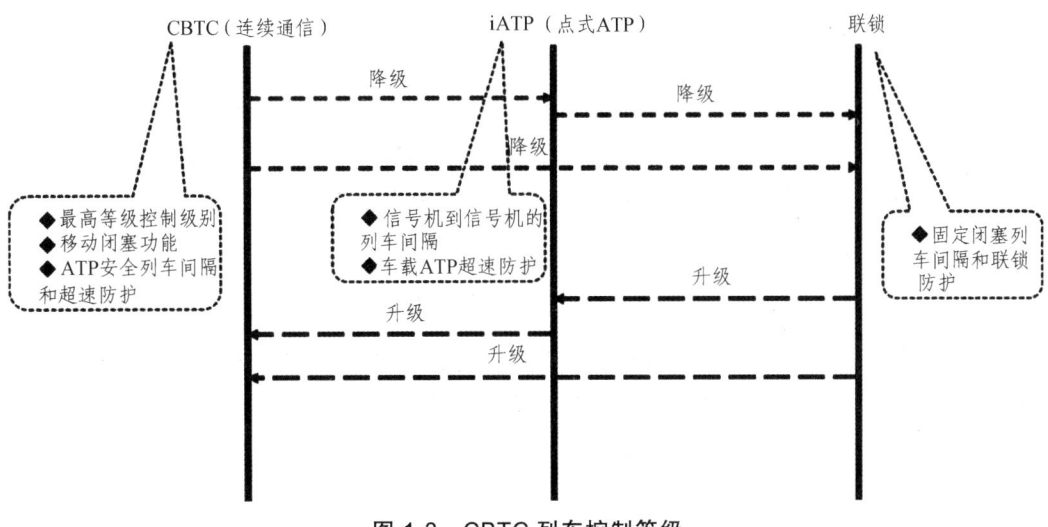

图 1-3 CBTC 列车控制等级

1. CBTC——完整的系统操作和性能

CBTC 要求所有列车控制子系统,包括轨旁、中央、车载和通信子系统,都完备并工作。CBTC 提供最高等级的系统操作和性能。CBTC 提供移动闭塞安全列车间隔和保护,全功能的车载 ATP/ATO。支持所有定义的 ATC 驾驶模式。其中某些提供完整的系统操作和性能[自动列车运行(AM)模式和 ATP 监控下人工驾驶(ATPM)模式]。其他模式在降级条件[受限人工(RM)和非限制人工模式]下提供降级操作。

2. 点式 ATP——降级的系统操作和性能

点式 ATP 提供正方向的车载超速防护(根据预先设定的最大限速),信号灯冒进防护和 300 s 的运行间隔。点式 ATP 要求车载 ATP(包括所有的传感器)都在工作,并且轨旁联锁控制系统(MicroLokⅡ和计轴设备)和定位信标(包括动态和静态信标)也工作。区域控制器、DCS(骨干网除外)和 OCC 不需要工作。点式 ATP 提供单一的操作模式。

3. 联锁控制——最低等级的系统操作和性能

联锁控制提供固定闭塞列车间隔和联锁防护,不能提供其他的 ATC 功能。联锁控制需要联锁系统工作。不提供其他的 ATC 功能，提供 ATP25 km/h 限速。除联锁外，不需要其他 ATC 子系统存在或工作。

4. CBTC 控制级转换到点式 ATP

一旦某列 CBTC 列车失去与地面 ZC 的无线通信达 5 s（暂定），CC 发出 EB 命令使列车停车。联锁系统根据计轴设备确定本列车的位置。系统根据前行列车的位置，自动确定本列车前方各信号机的显示。列车驾驶模式转为 iATPM，由司机根据地面信号显示按站间闭塞行车，系统提供点式 ATP 防护。

5. CBTC 控制级转换到联锁控制级

当 CBTC 其他子系统均故障时，系统自动转换到联锁控制级。联锁系统根据计轴设备确定各列车的位置，并据此确定各信号机的显示。联锁系统可自动设置自动进路及折返进路，也可由值班员人工设置进路。列车停车后，将驾驶模式转为 NRM，由司机根据地面信号显示行车。

6. 点式 ATP 或联锁控制级转换到 CBTC 控制级

故障消除后，系统自动确定列车的准确位置并自动进入 CBTC 运行环境。列车转换到 CBTC 正常驾驶模式后，系统恢复正常 CBTC 运行。

典型工作任务 2　ATP 系统结构及功能

【工作任务】

1. 掌握 ATP 的基本概念及功能。
2. 掌握车载 ATP 系统的硬件组成及作用。
3. 掌握轨旁 ATP 系统的硬件组成及作用。
4. 了解 ATP 系统的技术要求。

【知识准备】

CBTC 系统的特点是以实时的双向无线通信来实现车地信息交互，传输信息量大且快速，区间通过能力强，列车速度较高、运行间隔小，在此情况下保证信号系统的安全性和可靠性尤为重要，在 CBTC 系统中，我们将实现这一特性的系统叫做 ATP 系统。ATP 负责全部的列车运行保护，是列车安全运行的保障。ATP 系统执行以下安全功能：速度限制的接收和解码、超速防护、车门管理、自动和手动模式的运行、司机控制台接口、车辆方向保证、永久车辆标识。

一、ATP 的基本概念

ATP 即列车运行超速防护或列车运行速度监督。ATP 系统的功能是对列车运行进行超速防护，对与安全有关的设备实行监控，实现列车位置检测，保证列车间的安全间隔，保证列车在安全速度下运行，完成信号显示、故障报警、降级提示、列车参数和线路参数的输入，与 ATS、ATO 及车辆段联锁系统接口并进行信息交换。

ATP 系统不断将来自联锁设备和操作层面上的信息、线路信息、前方目标点的距离和允许速度信息等从地面通过轨道电路等传至车上，从而由车载设备计算得到当前所允许的速度，或由行车控制中心计算出目标速度传至车上，由车载设备测得实际运行速度，依此来对列车速度实行监督，使之始终在安全速度下运行。当列车速度超过 ATP 装置所指示的速度时，ATP 的车上设备就发出制动命令，使列车自动地制动；当列车速度降至 ATP 所指示的速度以下时，可自动缓解。而运行操作仍由司机完成。这样，可缩短列车运行间隔，可靠地保证列车不超速、不冒进。

ATP 是 ATC 的基本环节，是安全系统，必须符合故障-安全的原则。

二、ATP 系统的主要功能

ATP 系统应具有下列主要功能：检测列车位置、停车点防护、超速防护、列车间隔控制（移动闭塞时）、临时限速、测速测距、车门控制、记录司机操作。

以数字音频轨道电路方式的 ATP 系统为例，ATP 系统功能可分为 ATP 轨旁功能、列车检测功能（负责根据各轨道区段的"空闲"或"占用"情况，检测列车的位置）、ATP 传输功能和 ATP 车载功能。

1. ATP 轨旁功能

ATP 轨旁功能负责列车安全间隔和生成报文，完成对列车安全运行授权许可的发布和报文的准备，这些报文包括安全、非安全和信号信息等。ATP 轨旁功能又分为列车安全间隔功能和报文生成功能。

1）列车安全间隔功能

列车安全间隔功能负责保持列车之间的最小安全距离，还负责发出运行授权。只有在进路已经排列，联锁功能中才发出列车运行授权，准许列车进入进路。当前方列车仍在进路中时，可为后续列车再次排列进路。

由 ATP 轨旁功能发出的运行授权根据相应的安全停车点的选择和激活而定。这些安全停车点的选定依赖于进路内轨道区段的状态。安全停车点的位置在信号系统的设计中确定，这方面的信息保存在 ATP 轨旁设备中。位置的选定是为了在各安全停车点以外提供一安全的距离。在列车控制中，安全距离提供了差错的限度。这样，在 ATP 监督下，列车绝对不可能发生通过危险点的情况。

2) 报文生成功能

从各种 ATP 轨旁功能里接收请求，完成整理数据、准备和格式化要传送到 ATP 车载设备的报文，并决定传输方向。这样，生成经由每个轨道区段传输的报文，然后向车载设备发出报文。传输的报文总是与受 ATP 控制的接近列车运行相反的方向馈入轨道电路。

报文由变量和包含在各变量中的数据结合而成，每个变量由下列 3 个来源编辑而成：编入 ATP 轨旁单元的固定数据，包括速度限制；可依据进路排列和轨道区段占用状态等，从有限的预设选项中选择的可转换数据；ATS 功能的可变数据，若没有该可变数据，可使用编入到 ATP 轨旁单元的缺省值。报文的长度和内容会随环境状态的不同而变化。

列车进入一段轨道区段后，立刻会生成一连串专门报文。除其他信息以外，报文还提供列车进入该区段的时间。这个信息必须对距离同步。这些报文由轨道区段的状态变化而引发，并持续数秒时间。

整理完所需数据，准备完报文之后，就会将报文转换为 ATP 车载设备要求的一种格式。报文转换采用了必要的编码保护协议，它确保 ATP 车载设备能检测到报文的错误。报文一旦完成格式化，就被传送到 ATP 传输功能。

2. ATP 传输功能

ATP 传输功能负责发出报文信号，包括报文和 ATP 车载设备所需要的其他数据。音频轨道电路电流以二进制编码顺序调制。当音频轨道电路显示轨道区段空闲，二进制编码顺序为音频轨道电路设备内预设的顺序。当音频轨道电路显示轨道区段占用，二进制编码顺序为 ATP 报文产生功能生成相应的报文。对于每个占用的音频轨道电路产生单独的报文。

就地对车传输而言，音频轨道电路电流必须由轨道区段末端，迎着列车运行的方向注入。对双向运行的线路，送电点及传输方向必须根据列车的运行方向转换。转换传输方向所需的信号由 ATP 轨旁功能中的报文发生功能发出。

在每个要求本地再同步化的地点，提供同步定位环线。由未调制载波连续向环线供电，载频由单独的传送器发出。同步定位环线发出感应信号在列车经过环线时可由 ATP 天线接收到。环线在预定的间隔距离后交叉，感应信号以预定的模式发生相位变化，这种变化能被车载 ATP 车载设备识别。这种模式用于 ATP 车载设备识别时间，即为车载接收天线经过已知环线点的时间。以这种方式就能够达到满意的再同步。

ATP 传输功能的输入是来自 ATP 轨旁功能的要传输的报文和相应选择传输方向的控制信号。

ATP 传输功能的输出：感应信号沿着整个轨道区段连续地传输信息；信号利用钢轨作为传输天线，以合适的传输方向发出，且只包括报文数据；感应信号利用同步定位环线作为传输天线传输间歇的信号，这个信号提供本地再同步的精确位置信息。这些感应信号共享一个共同的传输媒体（即轨道同列车之间的空隙），因此它形成了一个在 ATP 车载设备内接收的单一信号组合。

3. ATP车载功能

ATP车载功能负责列车安全运行，并提供信号系统和司机间的接口。车载功能由下列子功能组成：ATP命令解码、ATP监督功能、ATP服务/自诊断功能、ATP状态功能、速度/距离功能，以及司机人机接口（MMI）功能。

1）ATP命令解码

轨旁音频轨道电路将格式化的数据传送到车上，车载ATP设备要将报文解码，以实现各种ATP功能。

2）ATP监督功能

ATP监督负责保证列车运行的安全。各监督功能管理列车安全的一个方面，并在它自己的权限内产生紧急制动；所有的监督功能，在信号系统范围内提供了最大可能的列车防护。各种监督功能之间的操作是独立的，且同时进行。

ATP监督包括：速度监督、方向监督、车门监督、紧急制动监督、后退监督、报文监督、设备监督等。

3）ATP服务/自诊断功能

ATP服务/自诊断功能负责采集、存储、记录、调用列车数据、状态信息，为ATP监督提供服务，完成ATP车载设备的自诊断。

4）ATP状态功能

ATP状态功能负责根据主要情况选定正确的状态和模式。

在列车有电的情况下，ATP车载单元可能处于3种状态中的1种：激活的、待用的、备用的。其中备用状态是暂时的状态。

在ATP车载单元负责监督列车时，使用激活状态。ATP车载单元监督列车的责任，取决于其中一个相关驾驶控制台的状态（"关"或"开"）。如果两个驾驶控制台的其中一个是"开"的状态，那么ATP在RM、3M或ATO模式中进行的操作取决于ATP状态功能。

当ATP车载单元不负责监督列车时，使用等待状态。在列车得到电源但却没有插入钥匙的情况下，即刻出现待用状态。

备用状态只是暂时的状态，当钥匙插入任何一列列车的驾驶室时，立即执行启动自检测，完成后更换为激活或待用状态。

5）车门释放功能

车门释放功能保证当显示安全时允许打开车门，在所有的信号模式中可以连续使用此功能。

在满足下列条件时可得到车门释放指令：

（1）列车已停在带非安全停车点的预期停车窗内；非安全停车点对应于列车长度。

（2）ATP车载单元接收到许可打开车门的报文。

根据站台的布置，车门释放可以在列车的任意一侧或两侧。

在特殊情况下（例如列车停在预期停车窗以外），列车停稳时司机可按下车门紧急按钮，不用考虑上述条件就可得到车门释放命令，允许列车车门的打开。当以这种方式得到车门释放时，司机必须完全负责车门的安全操作。

在特定条件车门释放功能不再适用，或在紧急开门按钮给出释放的情况下，当从车门接点接收到"全部车门关闭"信号，列车开始起动（例如列车速度超过 ATP 零速度），车门释放终止。

车门释放功能的输入源于：车载速度/距离功能的现行速度和位置、列车长度、ATP 传输功能的许可车门打开的报文、紧急车门按钮。

车门释放功能的输出向 ATO 功能和司机人机接口功能发出车门释放指示，向车门控制发出车门释放许可。

6) 速度/距离功能

速度/距离功能基于测速单元的输入，负责测定列车的运行速度、运行距离和运行方向。

对于采用数字音频轨道电路的 ATC 系统，距离是根据各轨道电路的始端来测量的，并通过使用测速单元的输入和固定数据（车轮直径）来确定。计算距离准许车轮直径、脉冲发生和车轮黏着/打滑而造成的误差。

速度/距离功能接收测速单元的输入，将当前读数的脉冲计数与先前读数和部分计算出的运行距离进行比较。这些部分距离被累加后提供一个确切的运行距离。通过对特定时间间隔距离部分的累加，测速功能可以确定列车的实际运行速度。在系统设计中根据要求可提供更高的速度灵敏度，累加距离部分的时间间隔是可设置的。

从测速单元的输入提供一个渐增或渐减的脉冲计数，这个脉冲计数是测速单元根据列车移动的方向给出的。通过对当前读数与先前读数的比较，速度/距离功能可以确定列车的运行方向。

速度/距离功能的输入：从测速单元中获得的读数，从安全数据入口功能中获得的车轮直径数据。速度/距离功能的输出通过列车总线用于其他 ATP 车载功能，ATO 功能和司机人机接口功能中。

7) 距离同步功能

ATP 轨旁功能记录音频轨道电路的占用情况（这个信息由列车检测功能提供），然后 ATP 轨旁功能向列车传送有关在报文中音频轨道电路占用经过时间的信息。这个时间考虑到包括允许检测、列车检测功能相关的传输延误、地对车传输相关的处理和传输延误在内的余量。

一接收到 ATP 轨旁功能的同步化信息，距离同步化功能就通过计算在报文中消逝时间内列车运行的部分距离来计算列车前方的位置。计算包括列车前方位置相对于第一个轮轴的调整、检测报文中延误的偏离值。

距离同步功能的输入来自 ATP 轨旁功能的同步化信息。

距离同步化功能的输出通过列车总线送至其他 ATP 车载子功能和 ATO、司机人机接口功能中。

8）本地再同步化功能

对于列车位置高精度要求，提供本地再同步化（例如停车窗和车门释放监督）。这是通过使用预定的同步基准点（同步定位环线的交叉点）实现的。由列车检测的同步基准点，预计位于列车已知的距离窗内，并假定列车距离的测量误差在规定限制范围以内。一旦达到第一个同步基准点，就会精确地知道列车的位置。在某种程度上，交叉模式的选定是由于停车点已足够地接近交叉点因而达到了所需的精度。

本地再同步功能的输入来自报文接收/同步定位环线检测功能的同步定位环线检测。

本地再同步功能的输出提供当前音频轨道电路内再同步当前位置，使得至其他 ATP 车载子功能和 ATO 功能成为可能。

9）报文接收/同步定位环线检测功能

报文接收/同步定位环线检测功能的一个作用是从 ATP 轨旁功能接收、解码报文信号。通过安装在前方列车驾驶室底部的接收天线接收报文。当 ATP 车载单元一打开，此功能对各有效传输频率进行搜索，直到它识别出基于接收信号幅值的、当前列车所在的音频轨道电路使用的频率。一旦该频率形成且接收到报文，下一音频轨道电路的音频就会从报文数据中确定。

如果报文接收功能确定在传输中出现错误，会以无效而拒收报文。在特定时间/距离之内若没有接收到有效报文，就会触发紧急制动功能。

报文接收/同步定位环线检测功能的另一个作用是在轨道中检测同步定位环线。

检测到同步定位环线的时间很重要，它用于列车定位本地再同步中。

报文接收功能的输入来自折返功能的当前轨道电路频率以及 ATP 轨旁功能的报文。

报文接收功能输出报文数据，同步定位环线检测功能的输出至本地再同步功能。

10）司机人机接口（MMI）功能

MMI 提供信号系统与司机的接口。借助于 MMI，司机可以按照 ATP 系统的指示运行。MMI 向司机显示实际速度、最大允许速度，以及 ATP 设备的运行状态。另外显示列车运行时产生的重要故障信息，在某些情况伴有音响警报（例如超过了最大允许速度）。显示信息的类型和范围取决于设备的操作规程和 ATP 设备的配置。

司机人机接口功能包括司机显示功能和司机外部接口。

（1）司机显示功能。

司机显示功能向司机提供驾驶列车时所需的全部信息，包括：实际速度；允许速度（只在 SM，ATO 和 AR 信号模式中）；从最大限制的 ATP 功能条件下推算出的目标距离/速度；"驾驶状态"（即在牵引、惰行和制动方式下的移动）；"运行模式"（RM，SM，ATO 或 AR 模式）；列车折返运行（在 AR 模式有效时显示，也在 AR 按钮按下时显示确认）；列车停在预定停车窗以外；车门状态显示；向司机提供列车车门打开一侧的显示；关门指令；出站命令；车辆段显示（列车在车辆段时的车辆段识别显示）；实施紧急制动；ATP/ATO 故障等。

司机显示功能的输入来自 ATP 和 ATO 功能的当前状态。

（2）音响报警功能。

当列车速度/位置超过警告速度曲线时发出音响报警。允许速度由制动曲线确定，警告速度曲线是允许速度加上一个特定速度余量来表示的。计算出警告速度曲线用于给出一个固定的司机反应时间，以触发紧急制动。

音响报警功能的输入是 ATP 速度曲线、列车实际速度和位置、ATP 功能紧急制动实施的显示。音响报警功能的输出对司机进行音响报警。

司机外部接口用于司机驾驶操作。

11）折返/改换驾驶室功能

在列车进行折返的情况下，要求司机改换驾驶室。

ATP 车载设备必须考虑到使用不同的驾驶操作台，保存有关相对轨旁位置、列车前部和后部的信息。改换驾驶室引起列车前部和后部的互换，ATP 车载设备必须相应地调整位置信息。

折返发生故障，会导致在司机改换驾驶室且打开在列车的前头的驾驶操作台时，ATP 设备不能进入 SM 模式。

列车停稳后 ATP 车载设备收到要求折返报文以后自动生成 AR 模式。此类报文可通过 ATS 功能发出的命令给出，也可当列车进入在全部列车需要折返地点的相应轨道区段时自动生成。

使用 AR 模式的方法是当列车停在站台、车站后的折返轨或可接收到相关报文的任何位置时，执行折返。

当列车停在折返轨，会自动选定 AR 模式，并接收到相应的报文。这时，安装在司机操作控制台上的 AR 按钮会亮，并显示可以执行折返处理。司机通过按压 AR 按钮表示接受，AR 按钮闪亮。司机关闭驾驶控制台，并在没有司机的情况下实施自动折返。司机离开原驾驶室，如果需要的话可走到列车另一端的驾驶室。在折返有效时，列车另一端驾驶室里的 AR 按钮闪亮，表示该驾驶室已经可以使用。同一或另外的司机打开先前驾驶室的司机操作控制台，ATP 车载单元进入 SM 模式并准备列车的返回运行。

三、ATP 系统的组成

ATP 系统主要由车载 ATP 和轨旁 ATP 组成。车载 ATP 设备由车载控制器、速度传感设备、应答器读取设备、无线通信设备组成，负责列车的通信传输、实时定位、精确计算、指令发布以及安全防护功能的实现。轨旁 ATP 设备由区域控制器和线路控制设备组成，具有计算移动授权、管理线路数据、传输指令等功能。ATP 系统提供列车运行间隔控制及超速防护，对线路上的列车进行安全控制。ATP 系统确保与安全相关的所有功能，包括列车运行、乘客和员工的安全。

1. 车载 ATP 系统

基于通信的 CBTC 系统的车载 ATP 系统车头、车尾各一套，头尾两端通过通信线缆相连，用以实现头尾两端设备之间的通信以及车地无线通信的双路冗余。车载 ATP 系统通常采用"3 取 2"的安全冗余技术，确保了车载系统的安全性、可靠性及可用性。

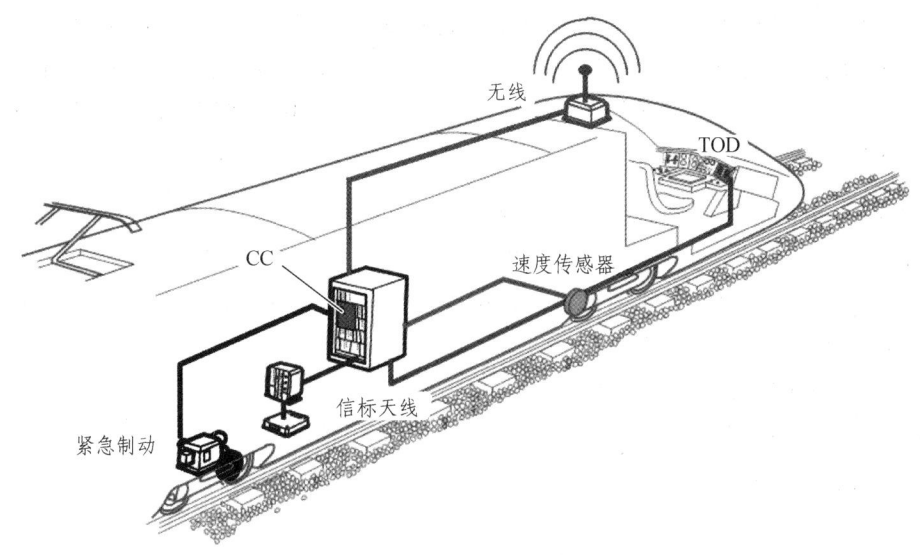

图 1-4　车载设备配置图

车载 ATP 系统的组成主要包括：CC 机架、速度传感设备、信标读取设备、车载无线通信设备、人机交互设备、加速度计等，如图 1-4 所示。

1) CC 机架

每个 CC 机架安装在带锁的柜子中。该单元安装在开放的支架里，与框架相配。CC 机架包括一个 ATP/ATO 机箱，两个外围设备机箱，一个与安全继电器和连接器接口的面板。

2) 速度传感设备

随着车轮轮齿的转动，当传感器经过轮齿的时候会输出数字脉冲。这些脉冲由硬件计数器来计数，从而可以在给定周期内测试速度。速度传感器经过多次现场使用并且被证明是非常可靠的。设备的配置和传感器的数量针对不同应用可能不同，并且车轮每转一圈的能够输出脉冲数量也与速度传感器的通道数量有关，与输出通道之间的相移（如何把各个通道的输出整合在一起来提高分辨率）也有关系。

3) 信标读取器

信标读取器天线安装在转向架上。信标读取器使用两个不同的通道来提供信息给车载控制器：一个指示开/关状态的磁场强度信号和一个数据的串口连接。串口连接也提供诊断信息通道以便 CC 能够监视信标读取器的状态。除此之外，车载控制器将会关联来自读取器的诊断信息、磁场强度信号和关于信标正在读取的信息来判断是否是信标读取器故障。

4）车载无线通信设备

车载数据通信系统（DCS）由移动通信系统（MR）和 MR 天线构成。在列车每端，安装有一个 MR 和两个 MR 天线。MR 是车载无线设备，用来在车载设备（如 ATP 和 ATO）和轨旁设备间传输数据。车载 ATP 和 ATO 子系统通过两个独立的以太网连接到 MR。CC 的以太网扩展设备（集成在以太网延长器板上）利用双绞线彼此连接，实现车厢之间的网络通信。

5）人机交互设备

列车司机显示器的报警器在超速时发出持续的声音。显示器实际布局在设计联络阶段完全按运营需求设置。列车司机显示器包含部分冗余-双以太网端口。

列车司机显示器显示信息包括但不限于：
- ➢ 停站时间结束。
- ➢ 车载设备状态。
- ➢ 当前驾驶模式。
- ➢ 超速。
- ➢ 速度表。
- ➢ 目标距离（至限速点或停车点）。

6）加速度计

加速度计分为两套，每套有两个不同的加速度计。两套设备提供高可用性。必须对每套加速度计做一个比较，以确认输出的有效性。空转/滑行开始时，列车使用空转/滑行开始前的速度，利用加速度仪进行补偿，来计算当前的速度和位置。一旦空转/滑行结束，速度和位移的测量将切换回速度传感器。

2. 轨旁 ATP 系统

轨旁 ATP 系统主要由位于线路上不同车站的一个或者多个区域控制器（ZC）、线路管理器及轨旁电子单元（LEU）组成。

1）区域控制器（ZC）

ZC 是地面基于通信的 CBTC 系统的 ATP 系统核心控制设备，是车-地信息处理的枢纽。ZC 根据各厂商的不同，通常采用"2 乘 2 取 2"或"3 取 2"冗余结构的安全计算机平台。ZC 接收由其控制区内列车发出的位置信号，它负责根据所有已知障碍物的位置和运行权限来确定其区域内所有列车的运行权限，障碍物包括其他列车、封闭区段、失去状态的道岔以及任何外部因素，从而为其控制范围内的 CBTC 列车计算生成移动授权，确保在其控制区域内 CBTC 列车的安全运行。ZC 也回应相邻 ZC 的授权申请。

2）线路管理器

线路管理器是 CBTC 系统中的地面重要控制设备，主要负责全线临时限速，以及数据存储和数据库版本管理等功能。线路管理器根据各厂商不同，使用与 ZC 子系统相同的基于"2 乘 2 取 2"结构或者双机设备冗余机构的硬件平台。

3）轨旁电子单元（LEU）

轨旁电子单元（LEU）是与有源应答器直接连接的设备，是在 CBTC 降级，采用后备模式下使用的 ATP 地面设备。LEU 向有源应答器发送点式级别下的列车移动授权信息，列车通过读取有源应答器获得运行权限。根据各厂商的系统特点，部分厂商轨旁 ATP 未配置 LEU。

四、ATP 系统的技术要求

1. ATP 系统的基本要求

（1）ATP 系统应由列车自动防护的轨旁设备、车载设备和控制区域内的联锁设备组成；联锁设备属于安全系统并纳入 ATP 系统。但在系统阐述时，可将联锁设备列为子系统独立论述。

（2）城市轨道交通必须配置 ATP 系统，其系统安全失效率指标应优于 10^{-9}/h（信号系统安全失效率指标通常定义为 10^{-11}/h 或 10^{-9}/h）。

ATP 系统内部设备之间的信息传输通道也必须符合故障-安全原则。

（3）闭塞分区的划分或列车运行安全间隔，应通过列车运行模拟确定，并经列车实际运行校验。为保证行车安全，在安全防护地点运行方向的后方应设安全防护距离或防护区段，安全防护距离应通过计算确定。安全防护距离涉及信号系统控制方式及其技术指标、列车速度、车辆性能和线路状态等多种因素，主要决定于一定的速度条件下，设定的紧急制动距离和有保证的紧急制动距离之差。在列车跟踪运行的情况下，安全防护距离应增加列车尾车后部车轴可能未被检出的附加距离。

（4）城市轨道交通的 ATP 系统应采用连续式控制方式。连续式控制方式主要是指安全输入信息连续采集，并实现连续控制。宜采用速度-距离制动模式。列车位置检查可采用轨道电路、轨道环路等方式实现。

（5）城市轨道交通宜采用计算机联锁设备，也可采用继电联锁设备。

2. ATP 车载设备的技术要求

ATP 车载设备在满足 ATP 系统基本要求外，还应符合下列规定：

（1）ATP 系统导致列车停车为最高的安全准则。地车连续通信中断、列车完整性电路断路、列车超速、列车的非预期移动、车载设备重要故障等均应导致安全性制动。

（2）ATP 车载设备的车内信号应是行车的主体信号。车内信号至少包括列车实际运行速度、列车运行前方的目标速度；在两端司机室内均应装设速度显示、报警装置和必要的切换装置。

（3）ATP执行强迫停车控制时，应切断列车牵引，列车停车过程不得中途缓解；ATP执行的强迫停车控制，包括常用制动或紧急制动控制等不同方式，但最终控制模式应为紧急制动控制。考虑到行车的安全，要求停车过程不得中途缓解，并应在列车停车后，司机履行一定的操作手续，列车方能缓解。

（4）车载信号设备与车辆接口电路的布线应与其主回路等环节的高压布线分开敷设并实施防护；与车辆电器的接口应有隔离措施。

3. ATP地面设备的技术要求

ATP地面设备在满足ATP系统基本要求外，还应符合下列规定：

（1）ATP地面设备宜采用报文式无绝缘轨道电路或适用于其他准移动闭塞、移动闭塞ATC系统的地面设备，也可采用模拟式移频轨道电路。

（2）ATC控制区域宜采用无绝缘轨道电路，道岔区段、车辆段及停车场线路可采用有绝缘轨道电路。区间轨道电路应为双轨条回流方式；道岔区段、车辆段及停车场轨道电路可采用单轨条回流方式。相邻轨道电路应加强干扰防护。轨道电路利用兼作牵引回流的走行轨时，装设的横向均流线应不影响轨道电路的正常工作。

（3）ATP地面设备向ATP车载设备传送的允许速度指令或线路状态、目标速度、目标距离等信息，应满足ATP车载设备控制方式和控制精度的需要。

典型工作任务3　ATP系统分类及工作原理

【工作任务】

1. 理解点式ATP系统的工作原理。
2. 理解连续式ATP系统的工作原理。
3. 理解ATP系统车地双向通信原理。

【知识准备】

ATP主要用于对列车驾驶进行防护，对与安全有关的设备或系统实行监控，实现列车间隔保护、超速防护等功能。由于城市轨道交通列车间隔时间短，目前在大城市修建的地铁与轻轨，根据系统分类的不同，运行间隔可达到一般为90 s或210 s，在如此短的列车间隔条件下，作为确保行车安全的信号系统，已不能单纯地依靠地面信号显示行车，而必须有一个高可靠的、能够实现速度实时显示和监督、防护的系统，因此ATP系统在城市轨道交通中承担着确保行车安全的重要职责，是ATC系统中最关键的一环。

ATP系统根据车地信息传递方式和运营等级的不同，可划分为点式和连续式两类。前者是在线路上的固定位置安装应答器，当列车驶过该应答器时，安装在列车底部的应答器读取设备接收到来自应答器的地面信息,由车载计算机实时计算得出列车位置信息及 ATP 信息。后者则是通过沿线路敷设线缆、利用多信息轨道电路或者用无线通道来实现车、地的信息联系。显然,后者因信息的连续性而具有较佳的控制性能,而点式系统也因其成本低廉、安全可靠、维修方便等优点深受欢迎,且特别适合在客流量较低,对行车效率要求不高的情况下采用。

一、点式 ATP 系统

点式 ATP 是一种点式传递信息,用车载计算机实现信息处理,最后达到列车自动防护目的的系统。系统在结构上分为地面设备(主要是地面应答器)和车载设备两部分,如图 1-5 所示。

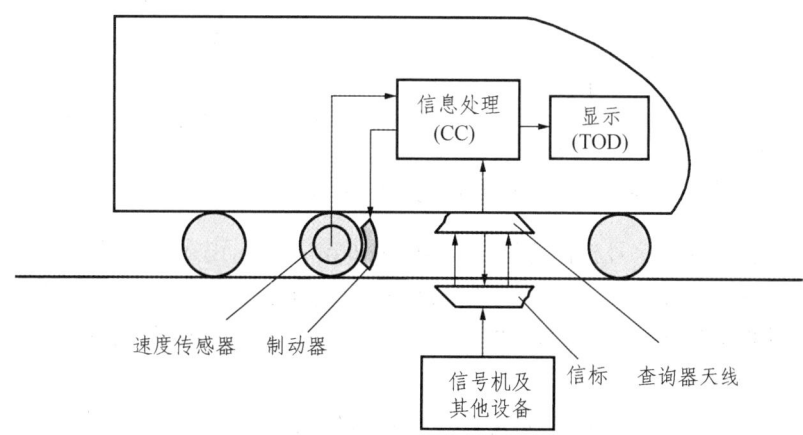

图 1-5 点式 ATP 系统结构图

系统利用动态应答器可以向列车传递地面不同信息条件,可以构成简单的点式 ATP 甚至点式 ATO 防护系统。点式 ATP 系统主要由动态应答器、计轴设备、信号机、地面联锁设备、车载应答器查询设备、车载轨道数据库、车载速度传感器、车载计算机等设备组成。地面联锁设备根据控制中心 ATS 指令或人工办理的指令,排列相关进路、锁闭相关道岔、检查进路空闲、开放相应信号机显示,同时将进路锁闭开放条件等信息传送至动态应答器,在列车接近动态应答器时通过查询器天线读取应答器信息,并将信息传送给车载计算机,车载计算机接收到地面控制信息后,结合车载轨道数据库信息,计算生成一次制动模式曲线,指导车载信号设备或司机驾驶列车运行,确保行车安全。

任何列控系统均需车-地信息传输通道,点式系统也不例外。点式系统是利用静态和动态应答器向列车传递控制信息,静态应答器向列车传递线路曲线、坡度、线路坐标、线路长度等固定的特定信息。列车检测到两个相邻的静态应答器后会完成初始化定位,一旦被初始化,列车的位置会根据静态应答器的检测结果逐步更新。静态应答器通常由列车上的查询器天线发出的信号提供电力。当列车经过一个静态应答器时,列车接收到一个数字信息,识别该应答器并且输入一个数据进入轨道数据库,确定该应答器在轨道数据库中的地理位置，同时结合速度传感设备计算列车所走行的距离，便可以确定列车所在的具体位置。因速度传感设备存在测量误差，故每读取到一个静态应答器时，列车会结合应答器提供的位置坐标信息进行列车位置误差校正。

动态应答器一般向列车传递进路变化条件或信号开放条件的变化信息。点式系统利用动态应答器向列车传递前方信号开放条件和道岔开放位置，同时利用速度传感设备计算列车运行速度，结合车载轨道数据库，包括进路长度、曲线、限制速度等条件，车载计算机即可计算出一次制动模式曲线，指导车载信号设备或司机驾驶列车运行，如图 1-6 所示。

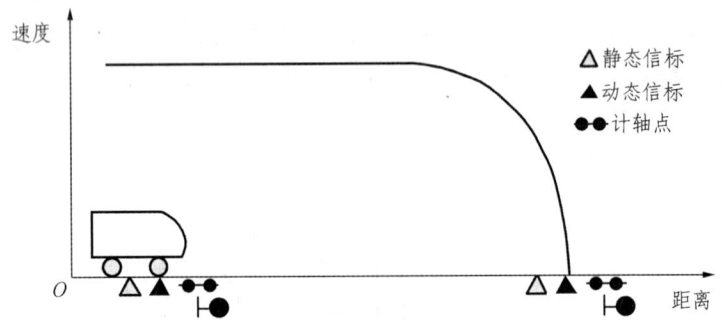

图 1-6 列车运行一次制动模式曲线示意图

动态应答器设置在信号机前方适当距离。MicroLok 与动态应答器的接口采用继电方式，成都地铁一、二号线的安全输出继电器采用 USSI 公司生产的与其 MicroLok Ⅱ 联锁设备配套使用的安全型继电器 PN150B。接点数量不够时，采用国产 JWXC-1700 型安全继电器进行复用。

MicroLok 对动态应答器的控制是通过检查信号机相应的开放条件来实现的，动态应答器通过与信号设备室中对应的信号机的相关信号继电器组成一个回路。

如果在 CBTC 状态下，室外信号机处于正常灭灯状态，则通过灭灯继电器切断动态应答器电源。

如图 1-7 所示，以蜀汉路东设备集中站为例，应答器 DT1002 的信息由其对应的信

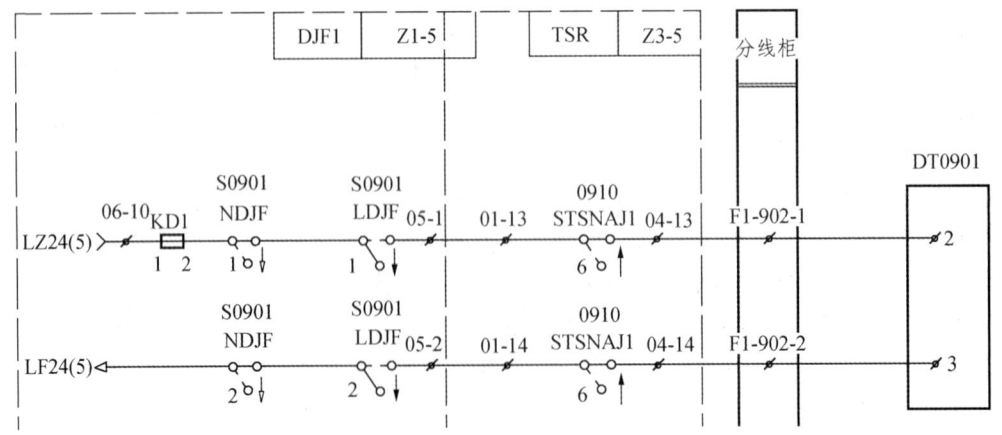

图 1-7 应答器与信号机信息交换

号机 S1002 提供。信号机 S1002 的灭灯信号继电器 MDJ，当接近列车运行模式为点式时落下，信号机 S1002 处于点灯状态。当直向进路建立后，相应的 LDJ 继电器励磁吸起，相应的信号机点亮绿灯。此时接口电路接通，动态应答器 DT1002 给出信号机 S1002 的状态信息供车载查询。

点式 ATP 系统采用符合"故障-安全"原则的计算机系统，安全性较高，能有效地实现列车自动防护功能。同时能给司机充分、确切的显示，包括推荐速度、目标点距离等，远比地面信号机给出的显示详细，这有利于司机最优地驾驶列车。而该系统的主要缺点是信息传递是间断的，即当列车从一个信息点获得地面信息后，要到下一个信息点才可更新地面信息，若其间地面情况发生变化，就无法立即传递给列车。要克服这个缺点，只有采用连续式列车防护系统。

二、连续式 ATP 系统

根据目前主流市场 ATP 系统的应用，连续式即为 CBTC 系统，其通信方式主要有自由无线和波导管两种。

车载 ATP 周期性地将列车的位置信息和速度信息发送至区域控制器 ZC，供 ZC 完成 CBTC 级别下移动授权的计算，如图 1-8 所示。

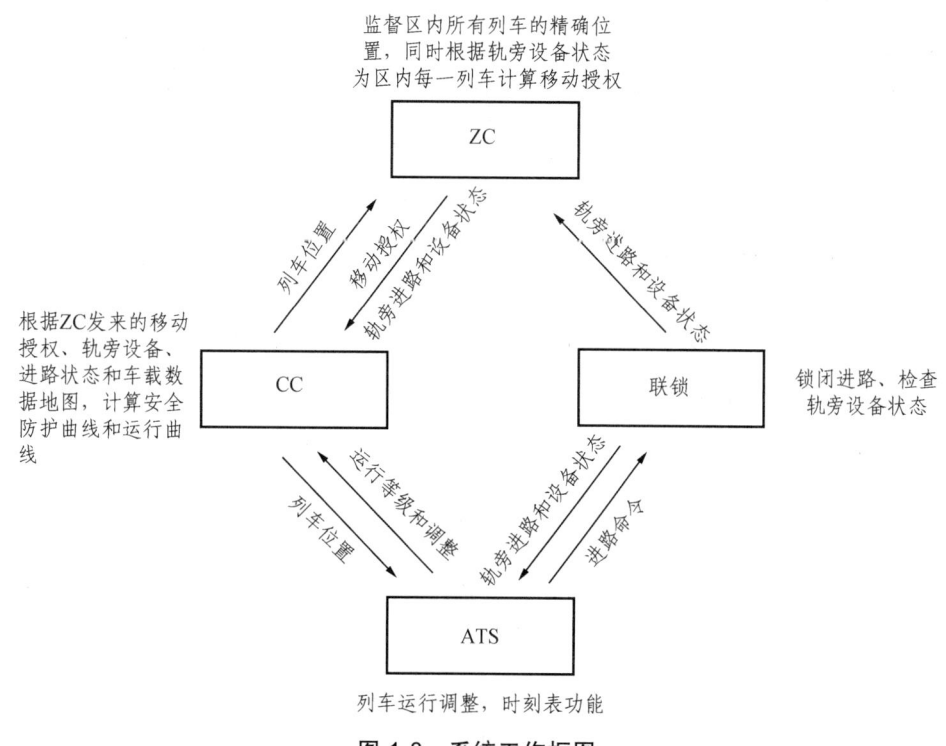

图 1-8 系统工作框图

ZC 根据列车汇报的位置信息和 CI 汇报的进路信息和区段占用/空闲信息，为 CBTC 级别列车计算移动授权后，通过无线通信设备发送至车载 ATP，控制列车在 CBTC 级别下运行。

车载控制器负责列车安全定位。CC 通过速度传感器和加速度传感器来确定列车的安全位置，该安全位置通过数据通信子系统（DCS），传输到区域控制器（ZC）以及列车自动监控（ATS）系统。CC 通过检测安装在轨道中间的静态应答器来修正列车的位置误差。

区域控制器基于该区域内所有列车的位置和方向，发出移动权限（MAL）指令，并持续更新和传输。计算移动权限，以保证列车安全隔离，并达到最小的列车运行间隔。车载控制器利用 MAL 信息来执行 ATP 和 ATO 功能。为了达到该目的，车载控制器装载了一个描述列车运行所在线路的轨道数据库。

每个区域控制器通过 DCS，与区域内的轨旁 MicroLok Ⅱ 单元接口。每个设备集中站都配备 MicroLok Ⅱ。MicroLok Ⅱ 控制和监测轨旁设备，诸如站台屏蔽门、转辙机、计轴器和信号机。MicroLok Ⅱ 还与这些设备接口，将状态信息传递到区域控制器。

CBTC 控制级转换到点式 ATP：一旦某列 CBTC 列车失去与轨旁 ZC 的无线通信达 5 s（暂定），CC 发出 EB 命令使列车停车。此时，联锁系统根据计轴设备确定本列车的位置。系统根据前行列车的位置，自动确定本列车前方各信号机的显示。当通信故障时，司机转换驾车模式到 iATP 模式。列车驾驶模式转为 iATPM，由司机根据轨旁信号显示按站间闭塞行车。在 iATP 模式，系统提供点式 ATP 防护。

三、车地双向通信原理

DCS 用于 CBTC 各子系统之间的通信以及全线轨旁设备与车载设备的无线信息传输。

DCS 数据传输系统由有线网络与车-地无线网络组成，其中车-地无线网络基于 IEEE 802.11 标准构建无线局域网（WLAN），信号系统无线局域网采用 802.11 g 协议所处的 2.4 GHz 标准开放频段，在隧道区段利用空间无线自由波进行车地双向通信，如图 1-9 所示。

在隧道区段采用天线进行无线覆盖，两台相邻 AP 点的覆盖区域具有一定的重叠，以保证没有盲区。

列车的红色和蓝色无线单元分别与红色或蓝色的轨旁接入点通信。

默认情况下，列车红色无线电台与它的主无线网络的红色接入点相连，列车蓝色无线电台与它的主无线网络的蓝色接入点相连。在红色或蓝色接入点其中一个发生故障的情况下，不影响另外一个接入点的正常工作。

当列车到达两个无线单元之间的重叠处时，它将在接入点之间进行漫游切换。

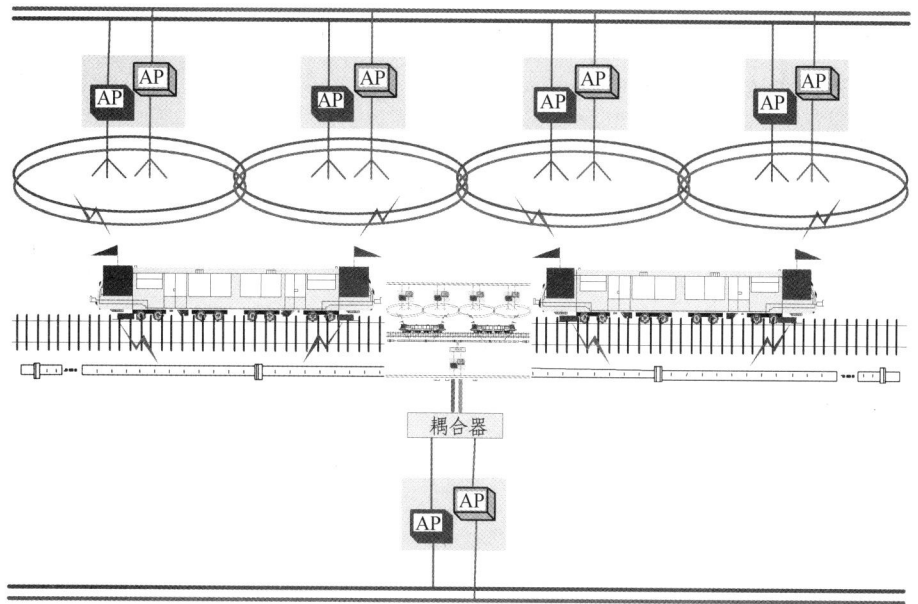

图1-9　信号系统无线覆盖原理

【复习思考题】

1. 简述城市轨道交通信号系统的组成。
2. ATS、ATP、ATO各有什么功能？
3. 城市轨道交通信号系统控制中心主要由哪些设备组成？
4. 城市轨道交通信号系统车站及轨旁设备有哪些？
5. 城市轨道交通信号系统车辆段主要由哪些设备组成？
6. 简述CBTC系统的结构组成。
7. 说明CBTC系统中区域控制器（ZC）的作用。
8. 说明CBTC系统中车载控制器（CC）的作用。
9. 简述ATP的基本概念。
10. 简述ATP系统的基本功能。
11. 简述车载ATP系统的组成。

12. 简述轨旁 ATP 系统的组成。
13. 简述速度传感器的工作原理。
14. 司机显示器主要显示哪些信息?
15. 区域控制器、线路管理器、轨旁电子单元各有何功能?
16. 简述点式 ATP 系统的设备组成。
17. 说明点式 ATP 系统的工作原理
18. 详细叙述点式 ATP 系统车地双向通信原理。
19. 说明连续式 ATP 系统的工作原理。

项目 2　众合科技（安萨尔多）ATP 系统

【项目描述】

1. 众合科技（安萨尔多）ATP 系统车载设备的组成及各部分作用。
2. 众合科技（安萨尔多）ATP 系统地面设备的组成及各部分作用。
3. 众合科技（安萨尔多）ATP 系统的功能。
4. 众合科技（安萨尔多）ATP 系统列车定位及速度测定原理。
5. 众合科技（安萨尔多）ATP 系统列车追踪原理。
6. 众合科技（安萨尔多）ATP 系统列车前溜和后溜防护原理。
7. 众合科技（安萨尔多）ATP 系统停车保证功能。
8. 众合科技（安萨尔多）ATP 系统防淹门的防护原理。

【项目目标】

1. 掌握众合科技（安萨尔多）ATP 系统车载设备的组成及各部分作用。
2. 掌握众合科技（安萨尔多）ATP 系统地面设备的组成及各部分作用。
3. 理解众合科技（安萨尔多）ATP 系统的功能。
4. 理解众合科技（安萨尔多）ATP 系统列车定位及速度测定原理。
5. 理解众合科技（安萨尔多）ATP 系统列车追踪原理。
6. 理解众合科技（安萨尔多）ATP 系统列车前溜和后溜防护原理。
7. 理解众合科技（安萨尔多）ATP 系统停车保证功能。
8. 理解众合科技（安萨尔多）ATP 系统防淹门的防护原理。

典型工作任务 1　车载子系统设备的组成及功能

【工作任务】

1. 掌握众合科技（安萨尔多）ATP 系统车载设备组成。
2. 了解车载控制器 CC 的作用。

3. 理解速度传感器的作用。

4. 了解司机显示器 TOD 的界面。

【知识准备】

一、系统总体结构

车载设备主要由以下部件构成，如图 2-1 所示：

（1）2 个车载控制器（CC）设备机架，两驾驶室各 1 个。每个 CC 都有 1 个移动无线设备（MR）、1 个查询应答器（TI）、2 个列车自动防护和运行（ATP/ATO）机笼、1 个电源滤波板（BCB）、2 个模拟加速计、2 个数字加速计、3 个安全继电器，以及多个连接器（用于连接列车各系统）。

（2）4 个光电速度传感器（EOSS），分别安装于列车两端拖车的非动力轴上。

（3）2 个司机显示屏（TOD），2 个驾驶室各配 1 个。

（4）4 组 MR 天线，2 个驾驶室各 2 组。

（5）2 组 TI 天线；2 个驾驶室各 1 组（含同轴电缆）。

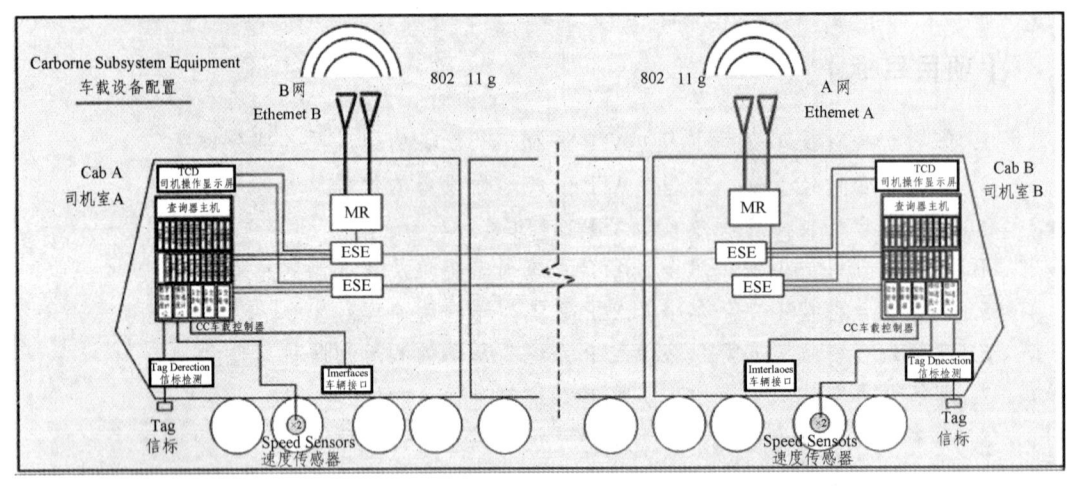

图 2-1 典型车载子系统设备图

二、设备组成

1. CC 机架

每个 CC 机架安装在带锁的柜子中。该单元安装在开放的支架里，与框架相配。CC 机架有 2 个机笼，包括 1 个 ATP/ATO 处理器和外围设备，1 个与安全继电器和连接器接口的面板，如图 2-2 所示。

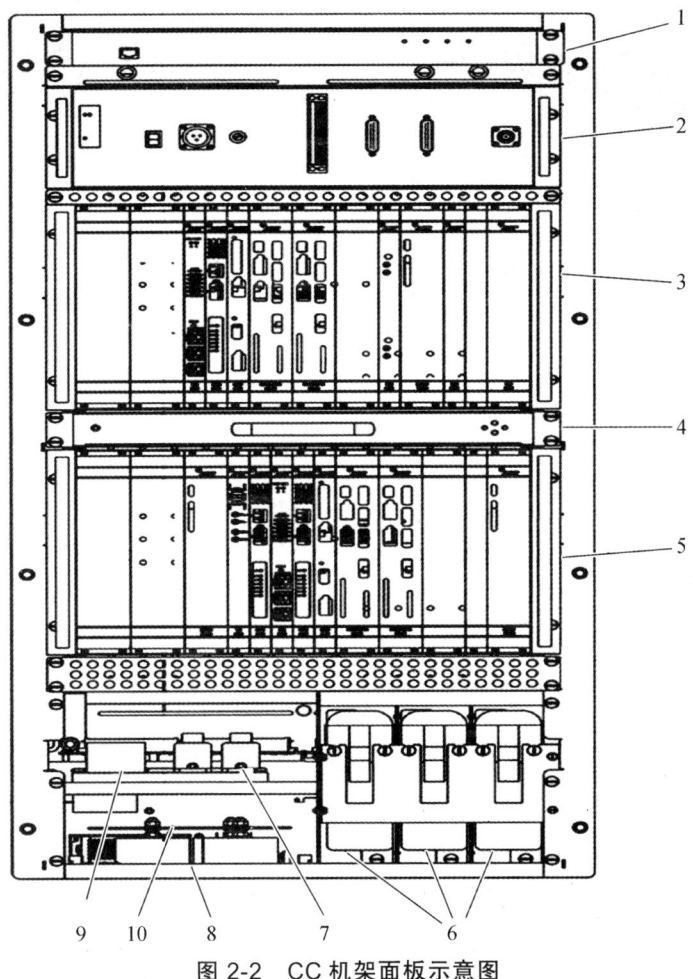

图 2-2 CC 机架面板示意图

1—移动无线设备（MR）；2—查询应答器；3—机笼 A；4—风扇；3—机笼 B；
5—安全继电器；7—模拟加速度计；8—电源滤波板（BCB）；
9—数字加速计；10—速度传感器电阻板

车载控制器 CC 安装要求：

（1）司机室内底部距离车辆地板不超过 300 mm 的安全的硬性平台。

（2）垂直安装。

（3）足够的机械整体性。

2. 移动无线设备（MR）

车载数据通信系统（DCS）的主要功能由移动无线设备（MR）及 MR 天线执行，如图 2-3，图 2-4 所示。各 CC 机柜包含 1 个移动无线设备，用于车载和轨旁设备间的数据传输。连至 MR 的 ATP 和 ATO 机笼使用两个独立的以太网络。以太网通过双绞线提供端对端网络通信。所有列车设备均可通过车载以太网络进行连接。

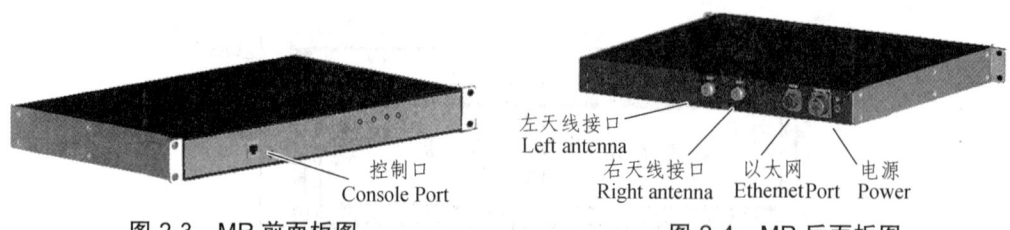

图 2-3　MR 前面板图　　　　　　图 2-4　MR 后面板图

车载 MR 和 MR 天线之间采用射频电缆进行连接，需要进行预埋。在机柜外、车厢内进行射频电缆布放时，要求其弯曲半径不小于 101 mm。

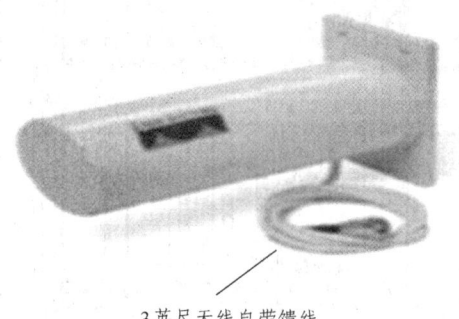

图 2-5　车载 MR 天线外形示意图

车载天线，如图 2-5 所示，采用八木天线，安装方案为：车体内安装，信号发射方向为准水平向前。针对 A、B 双网的设计，车头车尾的每个驾驶室均需安装 1 个 MR，每个 MR 需安装两副天线，对称于车体中轴线安装在驾驶室上方。建议距轨面 3.2～3.8 m，实际高度可按照实际情况调整，在横向上，要求两天线对称于车体中轴线并尽可能靠近两侧布放（建议间距不小于 500 mm）；在纵向上，要求尽量靠近车体前部。此外，要求 PIS 天线和信号系统天线直线距离大于 2 m。同时，车载 MR 天线和馈线安装位置的确定还需考虑到其可维护性，即在两天线和馈线附近需预留开合或拆卸方便的门或板，以利于天线和馈线的调试和维修。

3. 查询应答器

查询器系统为列车的定位设备，是车载系统中十分重要的设备，此设备是否正常工作直接影响着系统的工作。每端 CC 配置 1 个查询应答器主机（TI）和应答器天线（TIA），应答器天线安装在列车的转向架上。查询应答器使用两个不同的通道来提供信息给车载控制器：1 个指示开/关状态的电磁场强度信号和 1 个数据的串口连接。串口连接也提供诊断信息通道以便 CC 能够监视查询应答器的状态。除此之外，车载控制器将会关联来自查询应答器的诊断信息、磁场强度信号和关于应答器正在读取的信息来判断是否是查询应答器故障。

应答器沿道床而设，分为静态应答器和动态应答器，只在接收到安装于列车上的查询应答器天线的信号之后才启动。查询信息时，应答器即向车载 CC 传输识别数据，CC 使用已存储的轨道数据库完成列车的定位。

各机车包含 1 个 TI（安装在 CC 机柜内）和 1 个 TI 天线（安装在转向架前端）。两个 TI 各提供 1 个 RS-232C 接口、1 个 STROBE 和 RF 信号机输入/输出接口、1 个 TI 天线同轴接口、及 1 个电源接口，查询应答器主机（TI）和应答器天线（TIA）之间通过同轴电缆连接，如图 2-6，图 2-7 所示。

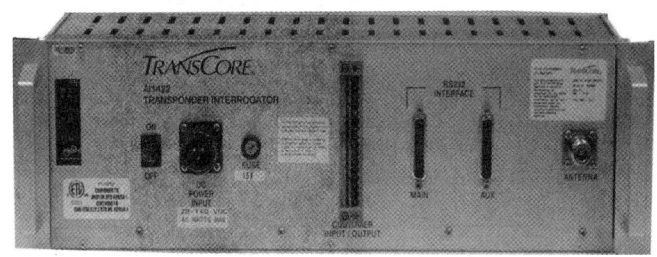

图 2-6　装于 CC 机柜内的查询应答器

图 2-7　查询应答器天线

4. ATP/ATO 机笼

CC 机柜包括两个为 ATO/ATP 模块提供的机笼（A 上方、B 下方）。两个机笼内共安装 18 块板卡。A 机笼内板卡如下：1 块 ESE 板、1 块 CCTE 板、1 块 CBOP 板、2 块 MTORE 板、1 块 PSB 板、1 块 ACSDV 板、1 块 NRB 板、1 块 SRB 板，共计 9 块板卡。B 机笼内板卡如下：2 块 ACSDV 板、1 块 TIC 板、2 块 CCTE 板、1 块 ESE、1 块 CBOP 板、2 块 MTORE 板，共计 9 块板卡。

1）CCTE 板

CCTE 板是一块基于"3 取 2"表决结构的处理器板，如图 2-8 所示，这样以达到 4 级安全完整性等级以及列车控制的高可用性。每个板包括 4 个主要功能模块：ME，存储互换模块；AP，应用模块；VO，表决器模块；CPL，耦合器模块。

图 2-9 所示为"3 取 2" CCTE 设计的高级别的部件图。这些 CCTE 是冗余的控制器，在每个单个故障发生时，CCTE 都会提供安全的列车防护/安全。CCTE 通过各自的应用模块（AP）模块的独立运算，相互通过存储交换模块交换结果（ME 模块），再通过表决（VO 模块），保证 3 个计算机至少有两个的结果一致，来实现上述功能。如果表决同意，CCTE 通过 PMC 模块发送控制信号给列车，允许列车继续运行。这也就是保证在单点故障时的安全运行的冗余的方式。

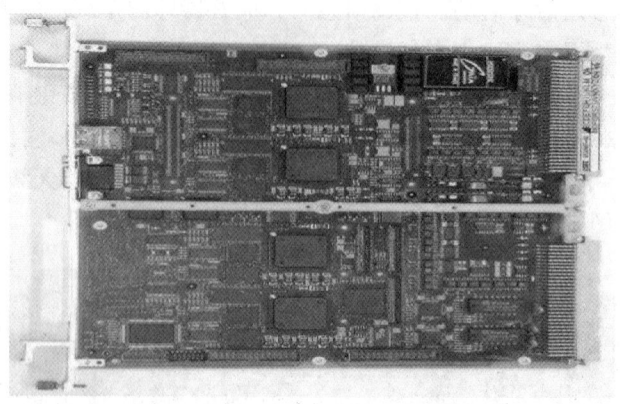

图 2-8 CCTE 板结构图

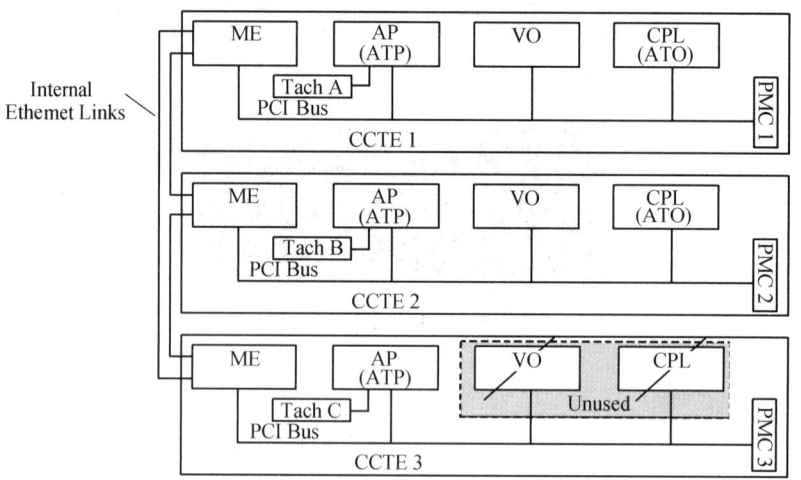

图 2-9 "3 取 2" CCTE 设计高级别部件图

2）MTORE 板

MTORE 是为了安全控制输入、输出，并提供非安全 I/O 接口，如图 2-10 所示。本系统共有 4 个 MTORE，为了系统可用性，每个 MTORE 用两个网络连接，且所有的 MTORE 输入/输出都是冗余的，MTORE 能组合附加的输入/输出。

3）ESE 板

ESE 是一个与多个车载控制器子系统连接的以太网交换机的扩展板，如图 2-11 所示，它与 PMC、TOD、以太网接口以及远端 ESE 进行连接。它通过以太网接口提供接入点到本端设备的通道，通过双绞线与远端 ESE 相连。

4）ACSDV 板

ACSDV 是一块供电板，如图 2-12 所示，用于给单个 CCTE 板及其他 CC 板卡供电。它接受 72-110VDC 车载电池输入，并输出 5，12，24 V 直流电源。每个系统有 3 块 ACSDV 板实现隔离设计以支持列车控制设计的 "3 取 2" 表决的安全性和可用性。

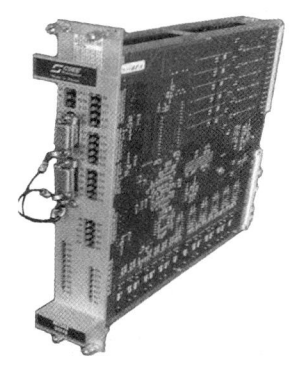 

图 2-10　MTORE 板　　　　图 2-11　ESE 板

5）PSB 板

PSB 是一个供电板，如图 2-13 所示，它通过继电板向 MTORE 提供 24VDC 的回测信号。它接收 110VDC 列车电池输入，输出 2 路独立 24VDC 信号，为 MTORE 板上的非安全输出供电。

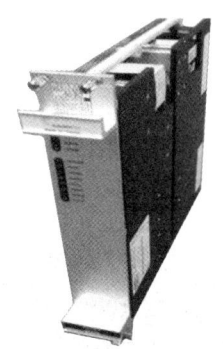 

图 2-12　ACSDV 板　　　　图 2-13　PSB 板

6）CBOP 板

CBOP 是设计用于储存配置和列车参数，包括车载控制器的细节（如 CCTE 的 ID 号）和列车细节（如车辆长度）的外部内存板，如图 2-14 所示。

图 2-14　CBOP 板

7) SRB 板

SRB 是一个提供了车载控制器和列车之间接口的安全继电器板。它从 MTORE 接收 24VDC 继电器线圈指令，使用安全继电器并提供相关回测电路。本系统中 SRB 主要用于 CC 输出的 4 组安全信号。分别是：左门使能、右门使能、自动折返虚拟钥匙、牵引使能。

8) NRB 板

NRB 是一个提供车载控制器和列车之间接口的非安全继电器板，它接受 24VDC 继电器线圈指令，使用 NO 节点驱动输出，本系统中 NRB 用于 CC 输出的 7 组非安全信号。分别是：开左门、开右门、关左门、关右门、全常用制动、方向手柄向前、方向手柄向后。

9) TIC 板

TIC 板与查询器主机（TI）接口，提供不同的通道（解调和解码逻辑）检测 TI 解调来自 TI 的 IF FSK 信号，用于解码串行消息和检测有效查询器 ID。

5. 电源滤波板（BCB）

电源滤波板为 ATP/ATO 机笼运行提供过滤车辆电源，如图 2-15 所示。滤波电路保护机笼板卡不受短期或长期、高压高频浪涌影响，接受 5 路独立电池输入信号，在车辆电源输入 CC 设备前进行滤波。

图 2-15 电源滤波板（BCB）

6. 加速度计

每个 CC 设置 4 个加速度计，包括两个数字型，两个模拟型，安装在 CC 机柜底部，如图 2-16 所示。这两套设备互为冗余，用于提高系统的有效性和可靠性。模拟和数字设备的厂家不同，这样做是为了消除共模错误。通过这两套设备交叉检查测量来保证系统的安全。

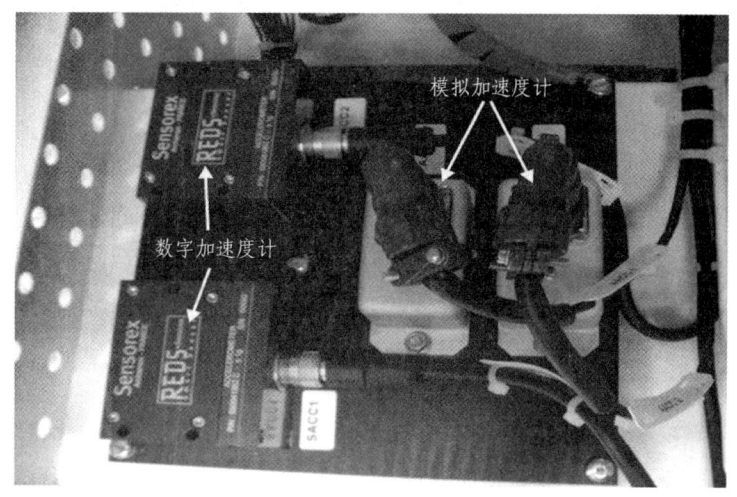

图 2-16 加速度计

加速度计分为两套，每套有两个不同的加速度计。两套设备提供高可用性。必须对每套加速度计做一个比较，以确认输出的有效性。空转/滑行开始时，列车使用空转/滑行开始前的速度，利用加速度计进行补偿，来计算当前的速度和位置。一旦空转/滑行结束，速度和位移的测量将切换回速度传感器。

加速度计的容错：两套加速度计为冗余结构，每一套包含两个不同型号、来自不同厂家的加速度计，所以 CC 容许某一个加速度计失效。当任一个加速度计故障后，不影响列车正常运行。

当两个同型号的加速度计同时故障时，CC 将无法为列车防护功能提供加速度测量；当两个不同型号的加速度计同时故障时，根据它们在系统中的位置，CC 仍然可以提供加速度测量。如果故障组合方式不是 Acc1A 和 Acc2B、Acc2A 和 Acc1B、Acc2A 和 Acc2B，将影响 CC 的运行。

当加速度测量无效时，CC 能继续测量列车的速度和列车的位移，在滑行情况下，不能以加速的方式进行补偿。引入的额外位置不确定。只要列车位置的不确定距离低于最大极限值（30 m），列车保持定位并继续正常运行。

7. 安全继电器

CC 机柜包含 3 个 PN-159B（PN‐N436788）安全继电器，位于 CC 机柜右下角，如图 2-17 所示。安全继电器，主要是用于控制 EB 回路和 CC 的安全输出。安全继电器是采用双线双断来确保 EB 回路能够在系统出现问题时立即断开触发 EB。

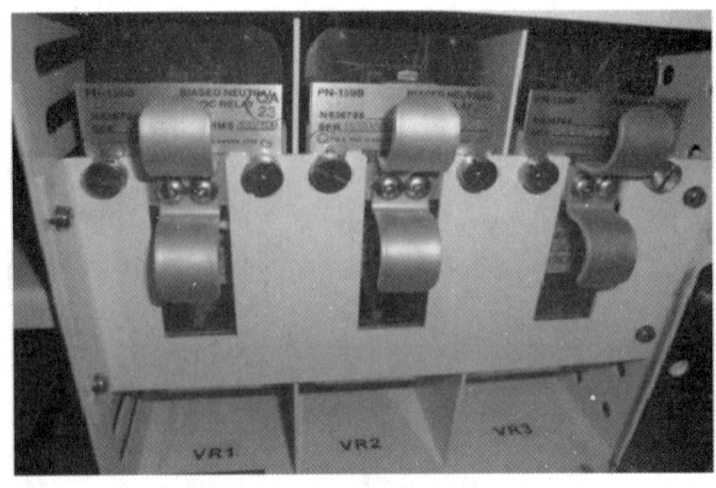

图 2-17 安全继电器

8. 速度传感器

列车每端安装两个速度传感器，分别安装在列车不同侧的不同的非动力制动轴上，如图 2-18 所示。同一项目中所有列车的速度传感器的安装方式应该保持一致。

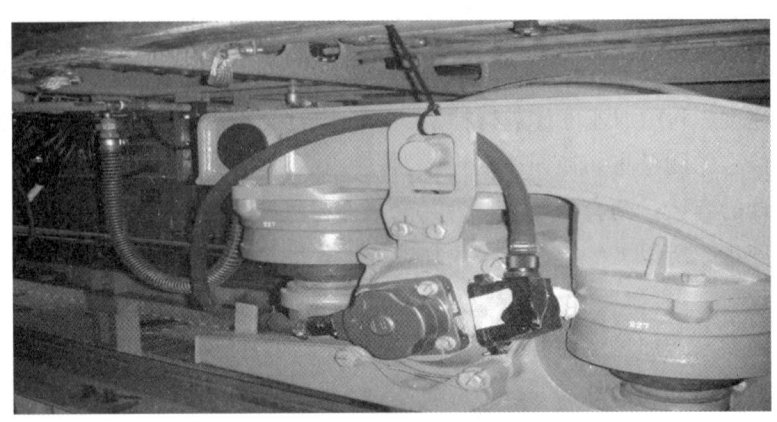

图 2-18 速度传感器安装图

随着车轮轮齿的转动，当传感器经过轮齿的时候会输出数字脉冲。这些脉冲由硬件计数器来计数，从而可以在给定周期内测试速度。速度传感器经过多次现场使用并且被证明是非常可靠的。设备的配置和传感器的数量针对不同应用可能不同，并且车轮每转一圈的能够输出脉冲数量也与速度传感器的通道数量有关，与输出通道之间的相移（如何把各个通道的输出整合在一起来提高分辨率）也有关系。

选中的速度传感器是 6 通道、90°相移的 DF16 电光速度传感器。6 个通道等间隔地分布在一个圆形的传感器基座上。标记每一个通道，通道 1 和通道 2 存在 90°的相移，同样通道 3 和通道 4、通道 5 和通道 6 也分别存在 90°的相移。但是通道 2 和 3 没有关系，通道 4 和 5 没有关系，通道 6 和通道 1 也没有关系。不同的通道采用独立的电源并且是相互电隔离的。

速度传感器的结构和容错：ACSDV 为 CCTE 板和速度传感器提供电源。这种结构除了给 CC 系统增加多样性外，还提供了高可用性和高可靠性。对于测距子系统，只要列车位置的不确定性超出了预定给出的极限值，CC 将通过 EB 停车。这种结构中任何一个单独的信号丢失，都不会停止 CC 的正常运行。

CC 采用 "3 取 2" 的结构，如果供电板 1 失效，然后 CC 变成 "2 取 2" 的结构，CC 功能不会受到失去数据来源的危害。

每一个速度传感器包含 6 条独立通道，分为 3 组，每组中的两条通道存在 90°的相移，3 组彼此独立（分别的电源、独立的机械结构）。两个速度传感器将安装在两个不同的轴上，两者采用独立的方法测量列车的位移和速度。即使其中一个速度传感器部分失效但其他车载零部件工作正常时，CC 将继续正常工作。

9. 司机驾驶设备

列车操作显示器（TOD）是列车操作控制台（驾驶室）的一部分，提供驾驶员和车载控制系统之间的人机交互界面。TOD 向列车驾驶员提供运行模式、故障、操作等信息，如图 2-19 所示。

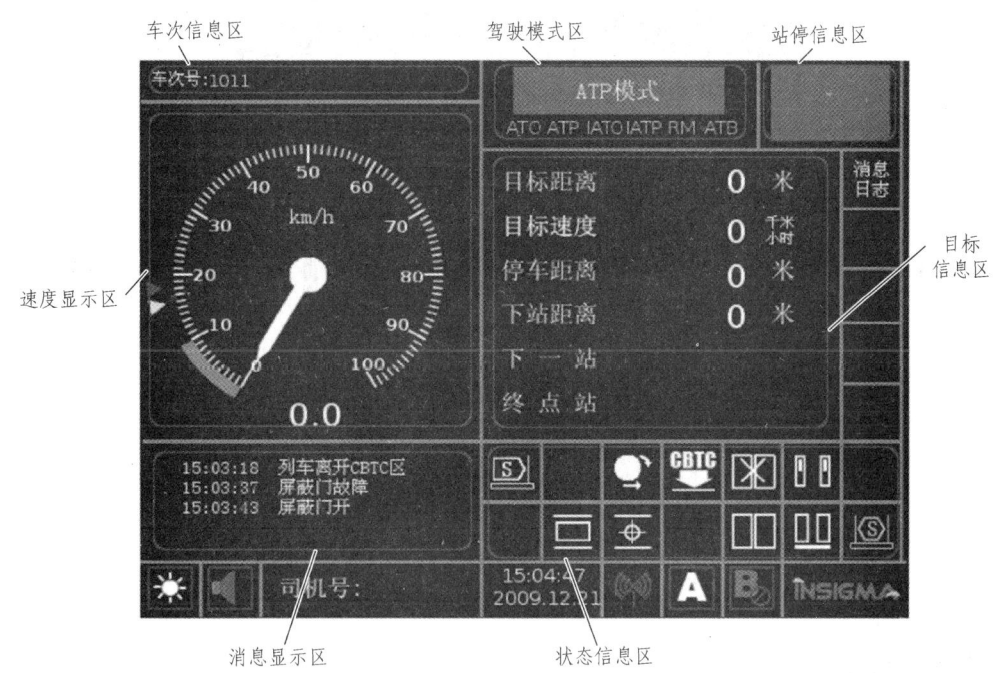

图 2-19　列车操作显示器

TOD 软件采用嵌入式 Linux 系统平台，带有触摸屏，安装于列车两端。TOD 软件通过高可靠性的双通道传输协议与当前活动的车载设备进行通信。

驾驶模式区上半部分为列车当前采用的驾驶模式，下半部分显示的是当前可用的模式，当某一模式不可用时，该位置显示为暗。

速度显示区中指针为列车当前速度,对应于速度盘下方数字部分,如图 2-19 所示。黄色三角为 FSB 速度,建议司机始终按照推荐速度运行列车,如果当前列车速度超过 FSB 速度,CC 将自动实施 FSB,此时司机应将司控器打到 FSB 位,从而确认 FSB 的实施,如果列车速度降到 FSB 曲线内,FSB 将缓解。红色三角为 EB 速度,一旦列车速度超过 EB,就会触发 EB。

当 TOD 与车载计算机失去通信连接或列车停止后,可通过点击图标切换维护界面与驾驶界面。维护界面包含如下功能:显示系统信息,消息日志,系统重启的功能,如图 2-20 所示。

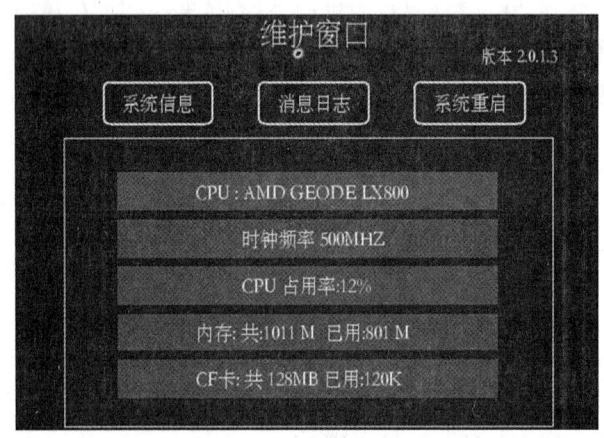

图 2-20 维护界面

典型工作任务 2 轨旁子系统设备的组成及功能

【工作任务】

1. 掌握众合科技(安萨尔多)ATP 系统轨旁设备的组成。
2. 了解区域控制器 ZC 的组成及作用。
3. 了解数据存储单元 FRONTAM 的作用。
4. 了解数据存储单元 FRONTAM 的界面。

【知识准备】

一、轨旁子系统总体结构

轨旁子系统主要由位于线路上不同车站的一个或者多个区域控制器(ZC)单元组成,如图 2-21 所示。

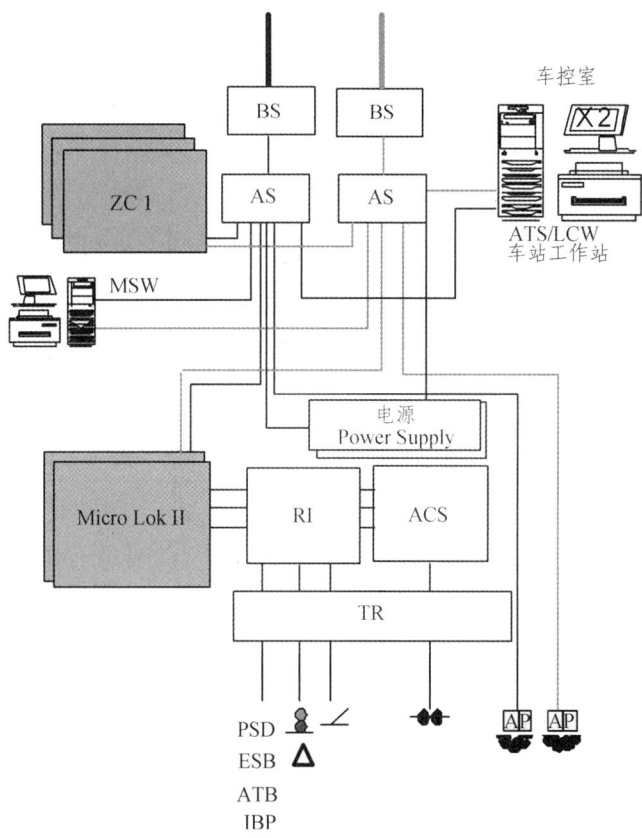

图 2-21　ATP 轨旁设备配置图

ZC—Zone Controller 区域控制器；RI—Relay Interface 继电接口；
BS—Backbone Switch 骨干交换机；AS—Access Switch 接入交换机；
ACS—Axle Counting System 计轴系统

二、设备组成

1. 区域控制器（ZC）

ZC 接收由其控制区内列车发出的位置信号。它负责根据所有已知障碍物的位置和运行权限来确定其区域内所有列车的运行权限。障碍物包括其他列车、封闭区段、失去状态的道岔以及任何外部因素。ZC 也回应相邻 ZC 的授权申请。

在系统配置中，ZC 与 MicroLok Ⅱ 接口，MicroLok Ⅱ 还执行传统的联锁功能。MicroLok Ⅱ 与转辙机、信号机、站台安全门和计轴设备接口。联锁控制包括安全逻辑以控制转辙机和信号机，它还根据来自 ATS 的进路申请，完成联锁功能。ZC 通过 DCS 子系统与 MicroLok Ⅱ、CC 子系统、其他的 ZC 和 ATS 子系统接口。所有外部计算机接口都有冗余，如图 2-22 所示。

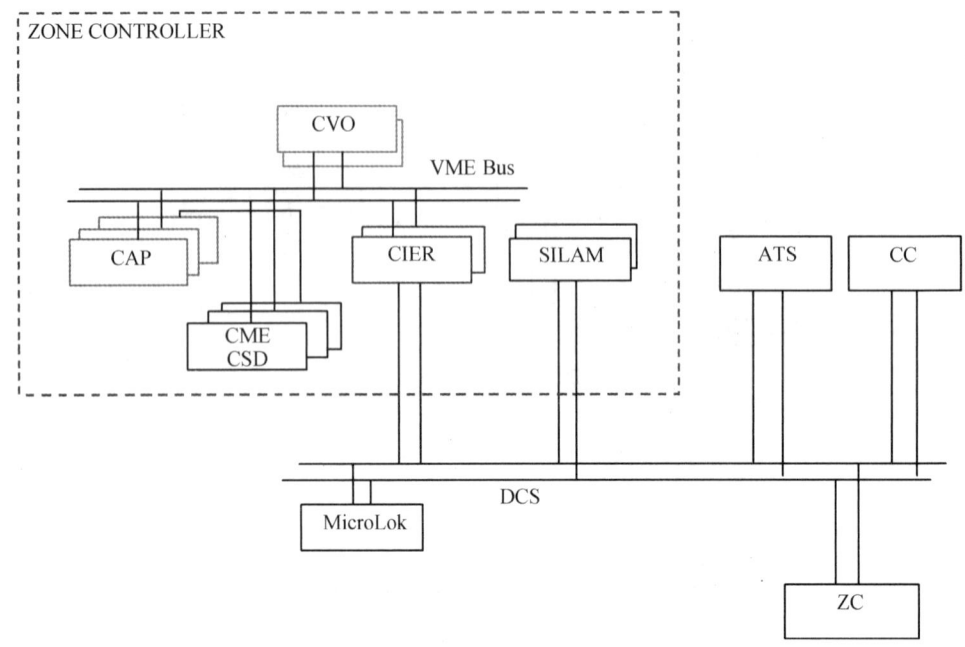

图 2-22　轨旁硬件结构

ZC 的结构是一个"3 取 2"的表决系统，如图 2-23 中红色虚线所示，分类如下：

（1）1 个 CSD 应用程序处理器单元（可用安全计算机-高可用性安全计算机）。

（2）3 个应用处理器板（CAP）：分配给专用模块的冗余功能处理，数据交换的安全。

（3）2 个表决处理器板（CVO）：将 CAP 板的输出进行"3 取 2"处理。

（4）3 个交换存储器板（CME-CSD）：记录 CAP 板输出。

（5）1 个输入/输出处理单元。

（6）2 个以太网连接处理器（CIER），确保对于数据传输系统进行冗余的物理输入/输出处理。

（7）2 个带本地磁盘的处理单元（SILAM）：记录 ZC 的内部状态，处理 ZC 的维修诊断信息。

CSD 及输入/输出安装在 3 个机笼中：PAP1，PAP2 和 PAP3。PAP1 和 PAP2 机笼，每个均包括下列电路板：

（1）1 块 CME CSD 通信板。

（2）1 块 CAP 板。

（3）1 块 CVO 板。

（4）1 块 CIER 板。

（5）1 块 CALS 电源板。

PAP3 机笼包括下列电路板：

（1）1 块 CME CSD 板。

（2）1块CAP板。

（3）1块CALS电源板。

ZC结构包括很强的扩展能力，添加新设备或线路的延伸可能很简单并且成本很低。ZC的基本方框图如图2-23所示。

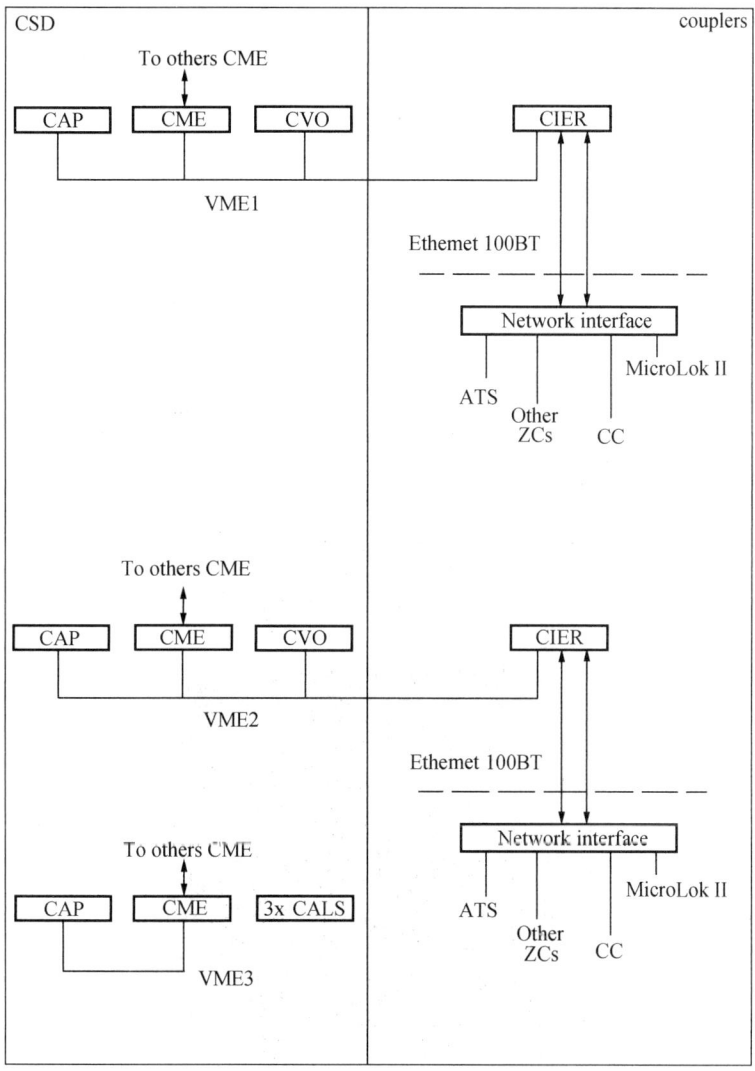

图2-23 区域控制器框图

2. 数据存储单元（FRONTAM）

FRONTAM数据存储单元作为CBTC系统中重要的一环，起着向ZC提供所需轨旁信息的作用。同时，ZC同样通过FRONTAM把CBTC列车接近信号机（接近锁闭信号）、信号机前停车保证、灭灯信号命令、列车越过信号机压入下一个区段（自动取消进路信号）、屏蔽门门控等信息传递给联锁并由联锁执行。ZC-FRONTAM系统结构如图2-24所示。

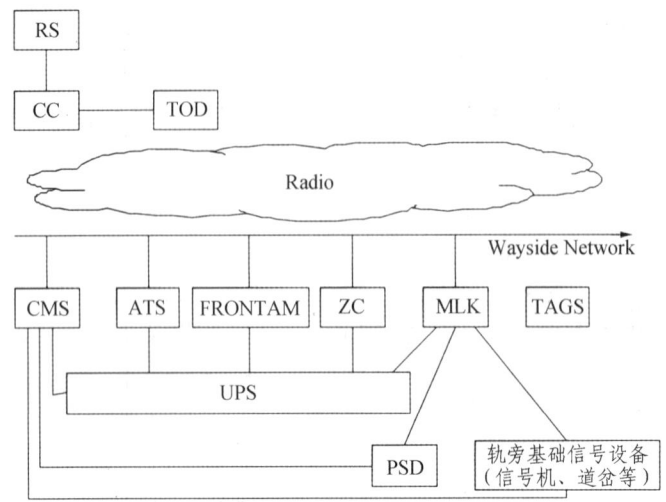

图 2-24 ZC_FRONTAM 系统结构

1）FRONTAM 机柜

FRONTAM 机柜设备主要包括 1 台 KVM 机架显示器，1 台存档服务器（ARCHIV），2 台冗余的应用服务器（APPLI 1、APPLI 2），如 2-25 所示。

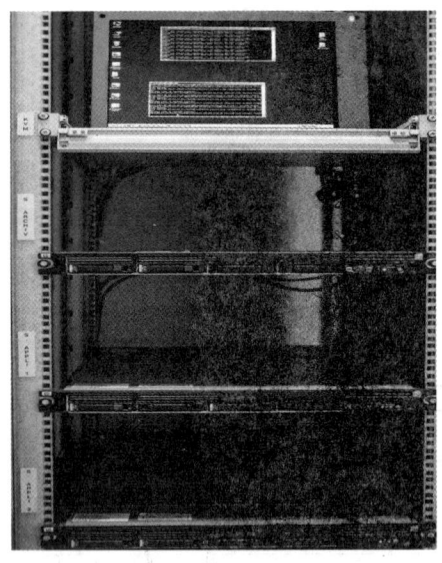

图 2-25 FRONTAM 机柜

2）FRONTAM 工作站

FRONTAM 工作站的主要作用是监控整个系统的运行情况，及时反馈出线上列车出现的报警信息等。监控界面如图 2-26 所示，左上角橙色对话框显示的是近期（约 6 天内）所记录的线上报警信息，包括车载信息和轨旁设备信息。CC 列车框绿色为正常态，黄色则存在报警信息，红色说明列车通信丢失（常见于列车换端即切换主控的时候或者列车下线时），灰色说明列车未上电。

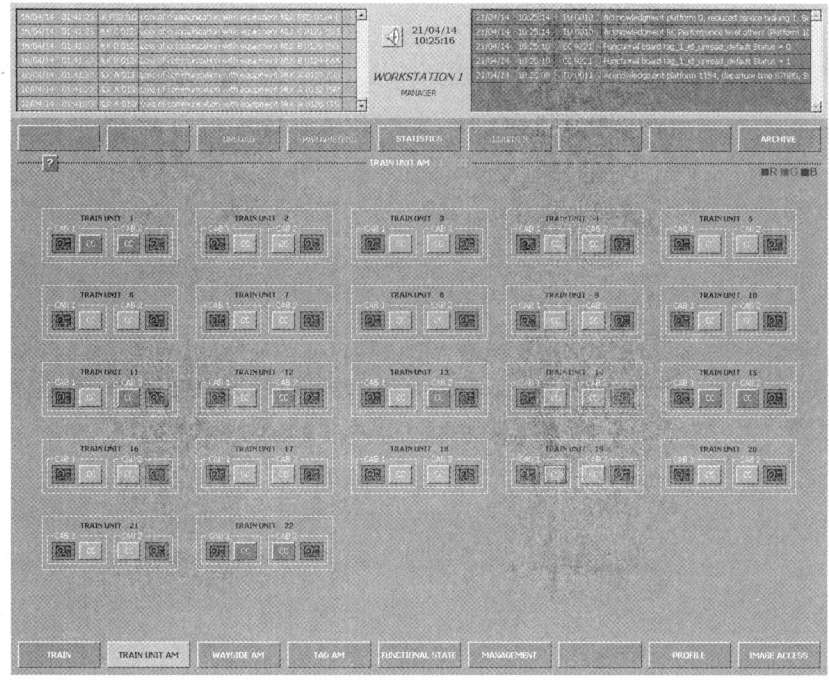

图 2-26 FRONTAM 监控线上列车

在 FRONTAM 工作站监控线上 CC 的界面中可以详细查看每一辆车车载设备的详细状态,包括 CC 机柜内部状态以及其他车载设备运行信息,如图 2-27,图 2-28 所示。

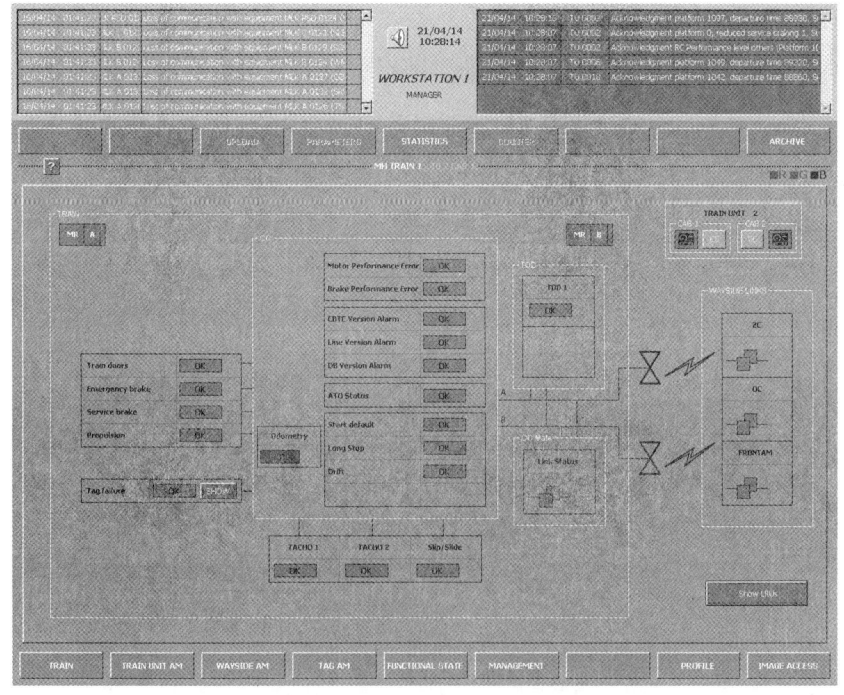

图 2-27 例 02 车 1 端运行状态

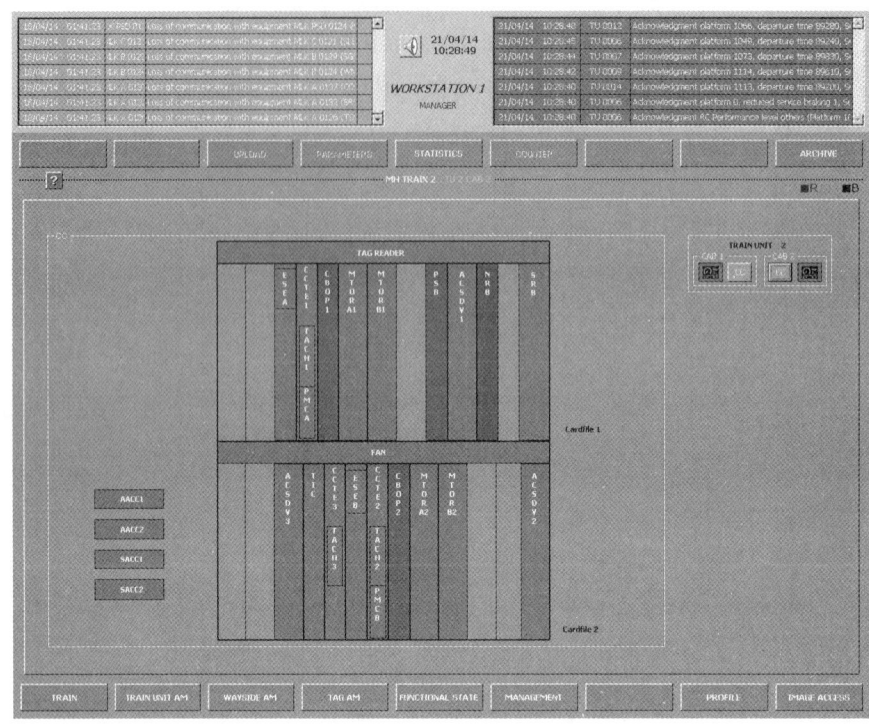

图 2-28 例 02 车 2 端监控车载 CC 状态

出现红色显示则说明该模块有报警出现,需要填写故障表格或报告调度待后续处理。

3) FRONTAM 历史记录查询

FRONTAM 工作站操作主界面上有两个窗口可以看到历史报警信息,如图 2-29 所示。

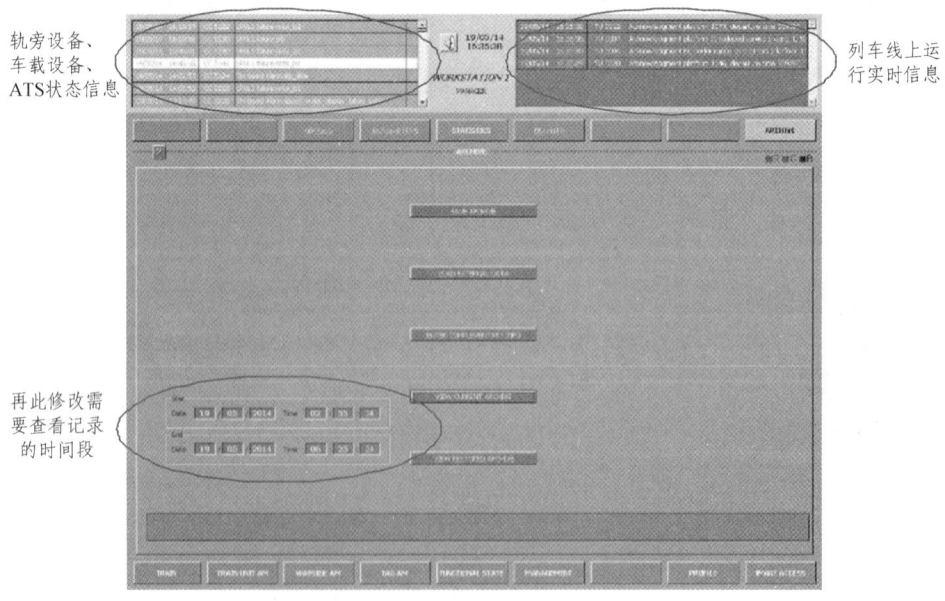

图 2-29 FRONTAM 日志回放功能

查询结果如图 2-30 所示。

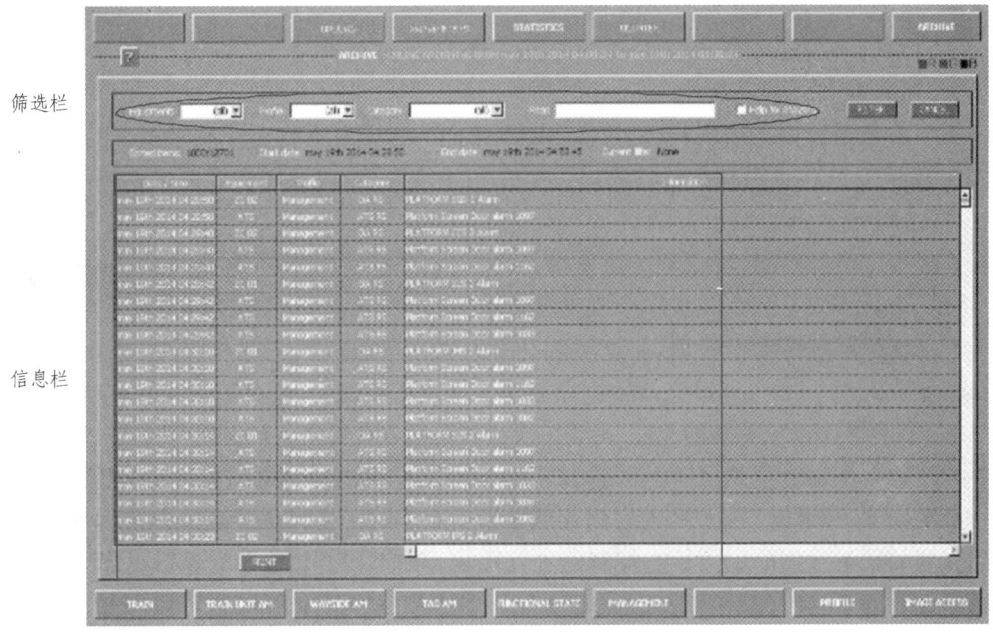

图 2-30　FRONTAM 历史记录界面

筛选栏中有 3 个可选项可供使用者详细了解各设备信息，具体内容见表 2-1。

表 2-1　FRONTAM 记录回放筛选表

Equipment（设备）	Profile（简况）	Category（分类）	
FRONTAM（数据存储单元）	Management	SYS	VDC
ZC（区域控制器）	M.Wayside	OA RC	VAR
OC（Operational Control）	M.On board	DA RC	WS
CC（车载计算机）	M.System	OA RS	ATS RC
TOD（人机界面）		AM	ATS RS
ATS（列车自动监控系统）		RS	COM
TU（车辆单元）		DA RS	Track DB

使用者可以根据需要查阅的对应设备信息进行筛选，使得历史记录结果更加直观。信息栏中显示内容包括对应设备精确到秒的详细状态信息，对故障分析可以起到一定的辅助作用。

4）FRONTAM 和临时限速数据库管理

FRONTAM 由轨道数据库和系统运行参数存储所用的冗余服务器组成。

临时速度限制（TSR）数据库存储在两个 ZC 中。

TSR 区域划分特性须包括以下内容：
① 相关的轨道线路。
② TSR 公里标（KP）限制：KP 开始区域，KP 结束区域。
③ 强制限速。

TSR 应用的方向范围，是由 TSR 公里标（KP 开始，KP 结束）矢量决定的。

如果有几个 TSR 重叠在轨道的同一部分，CBTC 系统将执行该部分线路上的最低限速条件，执行是由 CC 来保证的。

为减少 TSR 设置区域重叠，值班员必须先在取速区设置一个新的 TSR 并删除以前的 TSR。对保证安全而言，操作顺利尤其重要。

（1）轨道数据库存储管理。

轨道数据库（DB）通过离线数据库创建。该轨道数据库包含带有功能信息以及检查控制值以确保数据库完整性的文件。由于该轨道数据库含有安全信息，将分别对其进行校验。

轨道数据库通过下载至 FRONTAM 服务器（2）。标准服务器（3）定期发送轨道数据库版本给 CC 和 ZC。当 CC 收到该轨道数据库版本时，将再次计算检查控制值并将其与刚收到的轨道数据库中的检查控制值进行比较。如果检查正确且轨道数据库版本是授权版本（通过 ZC-4 交叉检查），则 CC 可使用轨道数据库。CC 和 ZC 可以向 FRONTAM 发出轨道数据库请求。FRONTAM 通过更新轨道数据库的方式进行回应。

（2）临时限速数据库管理。

图 2-31 显示了动态临时速度限制（TSR）数据库的管理情况。TSR 请求（TSR 数据库中的"1"）由 ATS 生成，发送到 ZC，该控制器在作为 TSR 控制器进行工作（包括 ZC 通常功能）。该 ZC 定期向其他 ZC 发送当前 TSR（2）。其他 ZC 将当前适用其区域的 TSR（3）发回。ZC TSR 数据库控制器向 ATS 发送 TSR 确认（4）。

所有 ZC 同样也定期向当前位于其区间的 CC 发送 TSR。如果关闭一个 ZC，重启后，它将使用来自其他 ZC 的 TSR 信息（2 或 3）来更新其 TSR 数据库。

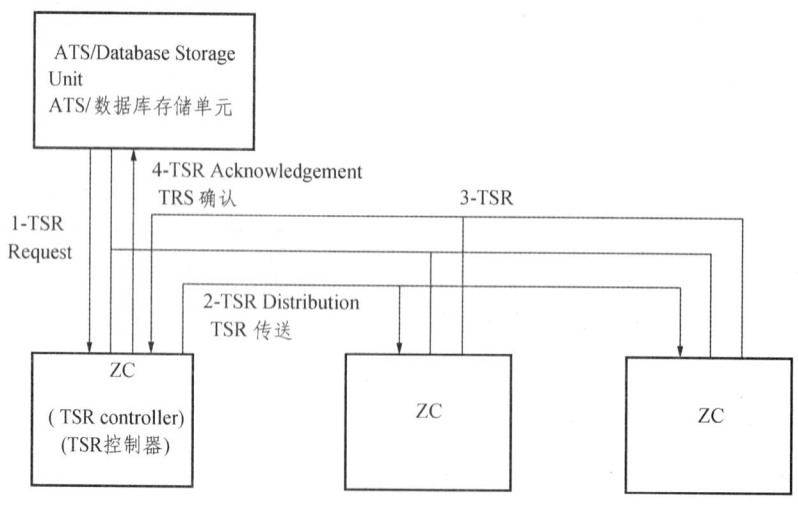

图 2-31 TSR 数据库管理

典型工作任务 3　ATP/ATO 系统功能

【工作任务】

1. 理解众合科技（安萨尔多）ATP 系统列车间的安全间隔和超速防护原理。
2. 理解众合科技（安萨尔多）ATP 系统车门、屏蔽门的监督检查和开启授权原理。
3. 理解众合科技（安萨尔多）ATP 系统列车完整性监督原理。
4. 理解众合科技（安萨尔多）ATP 系统前溜和后溜防护原理。
5. 理解众合科技（安萨尔多）ATP 系统停车保证功能原理。
6. 理解众合科技（安萨尔多）ATP 系统防淹门的防护原理。

【知识准备】

一、功能概述

ATP 功能可确保列车的安全运行。ATP 所有功能都依照故障-安全准则执行，该准则符合 CENELEC 标准。系统具有线路双向运行的 ATP 功能。

车载子系统负责确定列车位置，监测列车速度，保证适当的制动次序，管理列车的控制模式并根据 ZC 所提供的信息来控制列车。车载子系统的关键元件是车载控制器（CC），它包括一个安全的"3 取 2"处理器以及输出/输入控制器模块所提供的输入/输出接口。

CC 与速度传感器、加速度计和查询应答器接口，以确定列车的位置。列车司机显示器与 CC 接口，显示驾驶信息、设备状况，以及给司机的报警。

车载子系统的功能包括：

（1）负责列车间的安全间隔和超速防护。
（2）列车定位，速度测量，计算移动授权并执行速度监督。
（3）车门、屏蔽门的监督检查和开启授权。
（4）列车完整性监督。
（5）前溜和后溜防护。
（6）停车保证功能。
（7）防淹门的防护。

二、系统功能及原理

1. 列车定位

通过下列参数描述车载定位：
- 列车位置。
- 列车极性。
- 运行方向。

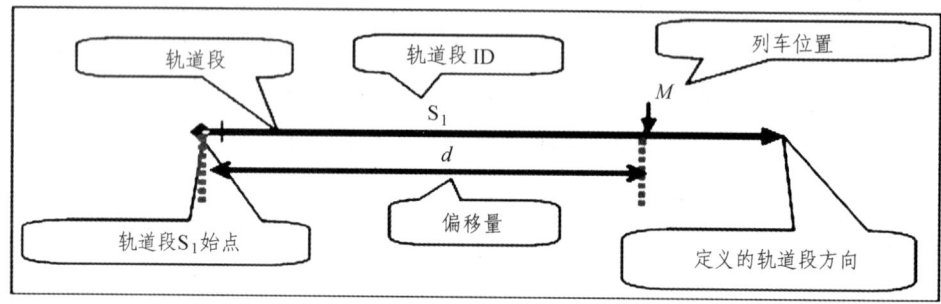

图 2-32 列车位置计算

对每一台装备的列车来说，CC 定位包含一个"初始化"阶段和一个更新阶段。列车必须检测到两个相邻的应答器初始化阶段才能完成。一旦被初始化，列车的位置会根据应答器的检测结果逐步更新，如图 2-32 所示。

1）列车位置

造成测量误差的主要原因：
- 信标检测误差。
- 数据收集时间的不确定性。
- 轮径校准误差。
- 空转/打滑时加速度计的校准误差。

CC 功能和 ZC 追踪需要列车确定它的两端位置（A1 和 A2 机车）。另外，定义了两种类型的位置：安全位置和非安全位置，如图 2-33 所示。

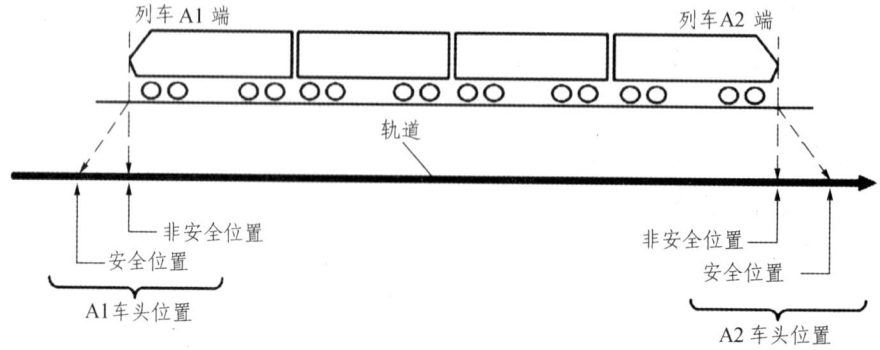

图 2-33 安全位置计算

(1) 安全位置。

安全位置由一个不确定间隔来定义，该间隔把下列"最不利情况"下的不确定因素都考虑在内：

① 信标读取不确定区域：1.6 m。

② 由于上一个信标读取造成的位置检测不确定：当有 2.5%的距离没有进行空转/打滑检测时。

③ 轨道信标的安装不确定性，如信标的实际位置和轨道数据库中位置的不确定性：差距在 5 cm 时为准确信标，20 cm 时为不准确信标。

④ 列车安全位置防护点是在实际位置的前方，这个差距包括了所有的列车位置不确定性。

⑤ 安全功能所使用的定位数据，将选择最合适的位置（安全型最小或最大）（最不利情况）。

② 非安全位置。

任何列车点的非安全位置都被定义为该点最可能的位置（准确的）。

该点位置的计算将基于应答器的读数和位移测量的可能的假设。

非安全位置在运行停车管理中特别有用。

ATP 利用安全位置实现列车安全防护功能，包括超速防护。ATO 利用非安全位置实现非安全功能，例如列车速度调节和站停。ATS 从 CC 接收列车安全前端位置。

2）列车极性

列车极性指的是，列车运行常规的方向和轨道段常规的方向之间的比较关系。

3）运行方向

该参数描述和比较逻辑网络常规方向的列车的移动方向。当列车自段的起点向终点移动时，移动方向被认为是正向的（"+"）；而向另一个方向移动，则被认为是反向的（"-"）。

2. 列车位置/速度测定

对于在 CTBC 范围内运行的配有车载设备的列车，该系统都可确定其位置、速度和运行方向。

列车位置测定功能能够安全而又准确地测定列车前端和后端的位置，其精度和分辨率符合用户运行和安全要求。

列车位置测定功能通过自启动，无需人工输入列车位置，即可自动检测并确定配有车载设备并驶入 CTBC 区域的列车位置。

列车速度测定功能的测量精度可以满足用户的运行和安全要求。系统速度测量精度参数为 ± 0.5 km/h（测速范围为 0 ~ 100 km/h）。

对于不准确的列车位置/速度测定，信号系统可进行补充修正。列车位置/速度测定功能以车轮转动为依据，因车轮打滑/空转或车轮尺寸变化（磨损、调校、更换）而产生位置误差，该功能可对这些误差做出修正。

3. 信标检测

信标位于道床上，是个无源装置，由列车上的查询应答器天线发出的信号提供电力。

当列车经过一个信标时,列车接收到一个数字信息,识别该信标并且输入一个数据进入轨道数据库,提供该信标中点处的地理位置。单个或多个静态信标信息丢失时,系统会累积误差,在 AM、ATPM、IATPM、ATB 模式下,当误差达到 30 m 时,对列车实施 EB。

静态信标布置原则是基于位置不确定性要求设计的。在站外区域,信标大约每隔 200 m 一个。在站台区域,为了达到精确停车,信标安放在站台的开始和末尾处,以及站台中间多处位置。在容易发生空转/打滑的区域,或者在弯道上,信标被更近地安置以减少位置误差。

4. 安全制动模型

安全制动模式是在减速停车的过程中,考虑最不利情况的影响因素和故障情况,对列车运行进行分析。配有车载设备的列车,其停车距离将会等于或小于安全制动模式所确保的距离。

安全制动模式符合 CBTC 的 IEEE 标准。CC 的"静态及动态"数字数据库包括了坡度参数、永久限速、临时限速、列车长度、土建限速及列车运行特征。如果移动授权限制妨碍了轨道速度限制的执行,而列车当前的运行速度又高于轨道限速,CC 就会对土建限速的效果进行计算,并确保列车的运行速度低于土建限速。

5. 列车追踪

该功能涉及 ZC 和 CC 子系统:ZC 通过互相对比以及与固定的追踪障碍物对比,来确定列车位置。列车追踪的功能主要被用来提供数据以保持安全的列车间隔。这些数据可被看作是上报列车或者非上报列车的所处位置的网络地图。

追踪占用地图可由 ZC 根据以下内容来构建:
➢ CC 提供的列车位置报告(经由 DCS)。
➢ 道岔位置。

每个 CC 提交一份位置报告,包含列车识别号,前后车头位置,加上安全的估计位置的不确定值,如图 2-34 所示。列车识别号实际上是"CC 识别号",在每个 CC 上有安全的硬件编码,防止两个 CC 有相同的识别号。

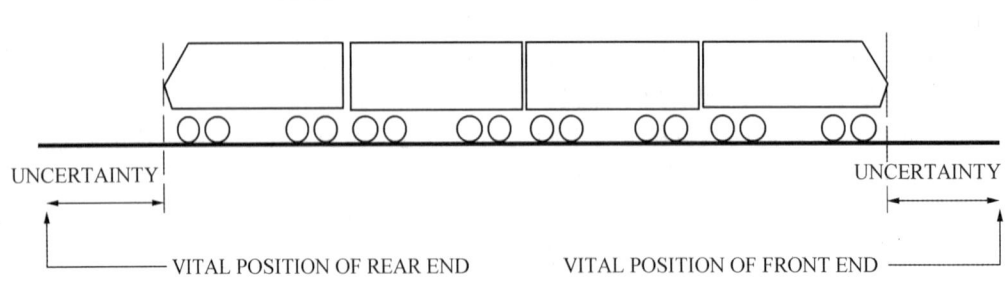

图 2-34 位置不确定性

Vital position of rear end:安全的车尾位置
Vital position of front end:安全的车头位置
Uncertainty:不确定性

只要与不确定性有关，ZC 使用来自 CC 的非安全位置报告，计算"安全的"列车两端位置，提交位置不确定的报告。这将保证列车长度的最大化（对轨道出清确定的"最不利情况"）。

6. 在连续通信级别移动授权下的移动闭塞列车的间隔

无论车载设备是否运行，信号系统都可保证在该系统内的所有列车之间的安全列车间隔。

如果车载设备运转良好，信号系统可对这些列车进行安全列车间隔控制，以认定前方列车可立即在原地停车为原则。

对于车载设备运转良好的列车，其位置测定以信号系统的定位分辨率为基准。如果车载设备无法运转，由司机保证行车安全。

信号系统会将移动授权限定在前方列车尾部后面的安全距离外方停车点。

信号系统安全列车间隔功能包括：

（1）利用 ATP 固定数据（如，永久限速）和 ATP 可变数据（如，临时限速和移动授权），计算 ATP 曲线（即安全速度曲线，属于列车定位功能）。

（2）监控并执行信号系统计算出的 ATP 曲线。

（3）ATP 曲线受安全制动模式管理，可确保在任何情况下（包括故障），配有车载设备的列车都不会超出移动授权限制。以下移动授权限制最具约束性：

➤ 前方 CBTC 列车的后端，包括位置不确定性。
➤ 轨道终点。
➤ 在无法证明进路开放且道岔已被锁闭的道岔处。
➤ 已确立反方向运行的区段边界。
➤ 锁闭区段的边界。
➤ 已检测出无法让列车安全运行的进路入口。

系统还提供了旁路信号车载设备安全列车间隔功能的功能，列车可超出其移动授权限制（如以一定速度限制）。但此情况下，列车运行安全由司机保证。

还可收回（增加限制）先前赋予列车的移动授权限制。列车接近或制动到初始移动授权时，可能会违反新的 ATP 曲线，这时，信号系统会立即激活制动程序。该制动程序可以是紧急制动程序或是受监控的常用制动程序。

7. 速度监督

CC 会对速度传感器和加速度计输入数据的一致性进行监控。如检测到速度或速度传感器信息的非常规变化，则会对异常情况进行记录。这些状况表明，出现了打滑或空转现象，或者可能出现速度传感器信号丢失。

当探测到空转/打滑现象时，CC 会根据加速度计上的实际加速或减速，将计算速度值作为现有速度。这就确保在空转-打滑过程中仍将进行速度和位置的计算，并且在经过并检测到信标后，车辆的位置将得到校正。如果这种情况持续了预定长的时间，那么 CC 将会产生一个空转-打滑警报。

一旦检测到空转/打滑，CC 将利用速度传感器上一次的安全速度和位置，通过加速度计测量出来的加速度来更新列车速度和位置，位置误差通过信标来消除。

8. 轮径确认及磨损补偿

CC 会自动计算出安装 CC ATP 速度传感器的轮径。安装在笔直与平坦的轨道上（通常为车辆段的转换轨区域）的信标，用于自动计算轮径。

指定的信标就是在笔直和水平轨道上经过选择的信标，当这些信标被 CC 检测到时，校准阶段开始。如果校准阶段成功完成，轮径将被更新。轮径在列车控制中是一个安全的参数。但是，没有一个手动输入轮径的安全方法，因此手动更新轮径不被支持。

当 CC 经过这两个应答器时，CC ATP 会将通过速度传感器的行驶距离与储存在数据库内的实际距离作比较。在将这些值作了比较后，就可以获得计算轮径。

由于车轮尺寸是计算速度与距离的关键性组成，考虑到车轮的磨损情况，CC ATP 在校准区域校准车轮尺寸。

9. 停车保证功能

停车保证功能用于在 CBTC 运行模式下，当联锁请求进路取消时，加快进路取消的进程。即 ZC 获知进路取消命令后，告知 CC，CC 根据当前列车的位置和速度计算能否在信号机前停车。如果可以，则通过 ZC 告知联锁，则进路可立即解锁；否则联锁将继续执行延时解锁，如图 2-35 所示。

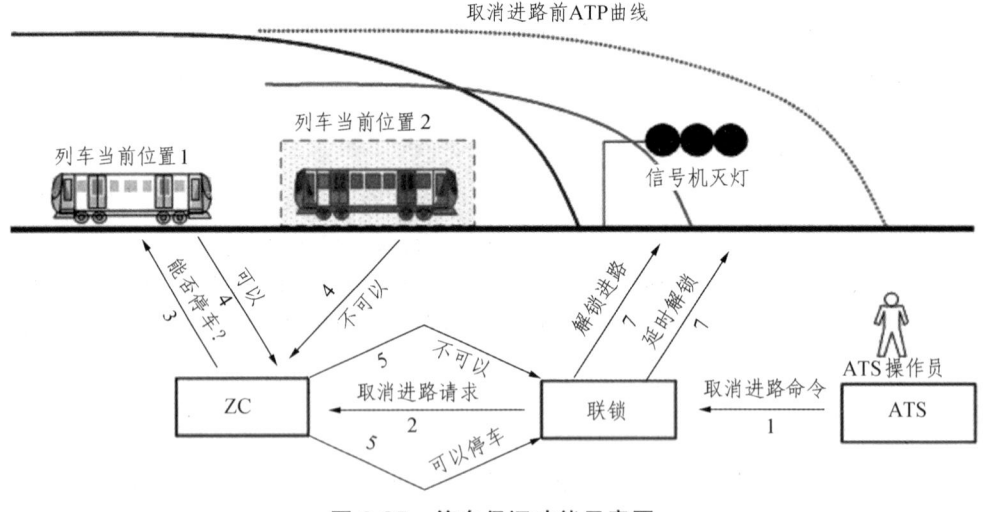

图 2-35 停车保证功能示意图

10. 运动方向监控

CBTC 区域内的运行方向管理对于合理地为 CBTC 列车建立移动授权非常重要。它包括 CC 和 ZC 子系统，包括下列因素：

（1）列车驾驶人员的方向请求：须通过驾驶室激活和方向控制器进行表示。

（2）运行方向：车载 CBTC 设备从 ZC 处获取 MAL 计算。

（3）CBTC 运行方向：由某一区段的 ZC 设定。

如果某一区段的运行方向已确立，系统就不会为该区段的列车再指派相反方向的移动授权。

11. 前溜防护

列车在站台区域停车时，CC 要确保列车处于"不移动"状态。如果检测到列车在没有命令的情况下，向列车正常行驶方向移动一定的距离，CC 将实施紧急制动。前溜的依据是"CC 能检测到的任何移动"。

12. 后溜防护

信号系统会对列车的实际运行方向进行监控，并将测定方向与设定/指令运行方向进行比较。列车的反方向运动如果超过额定的距离，CC 就会启动实施紧急制动。

车载 ATP 系统提供倒溜防护。如未施加牵引，CC 检测到任何倒溜移动则立即施加 EB；如果已施加前向牵引，CC 检测到倒溜超过一定允许距离后，实施 EB。后车的 MAL 计算会考虑前车的一定倒溜距离。根据车辆初步提供的参数目前检验倒溜的标准为 1 m，一旦超过 1 m 对列车实行 EB 并向司机提供相应显示。

13. 停车过位后退防护

在停车误差大于 0.5 m 小于 5 m 的情况下，允许通过人工驾驶向后倒车以恢复停车精度。倒车速度不应超过 5 km/h 并且倒车操作不能超过两次，在整个过走恢复过程中最大的倒车移动距离不能超过 5 m。ATP 将监控保护过程中的列车反向移动，并在下列情况发生时实施紧急制动：

➢ 列车反向移动速度超过 5 km/h。

➢ 或者全部反向移动距离超过 5 m。

➢ 或进行了两次以上的反向移动。

在 ATO 模式下停车过位时，司机在 ATP 模式下进行停车过位后退保护操作。

14. 零速检测

零速测定属于 CC 的 ATO 和 ATP 功能。通过速度传感器和加速度计，ATP 可探知列车是否处在零速状态。

15. 进路联锁

信号系统提供的进路联锁功能与传统的联锁相同，可防止列车相撞和脱轨。该功能在联锁设备内实施，包括：在列车进入联锁区之前进行进路接近锁闭，以及在列车进入联锁区后对进路进行锁闭（进路锁闭）。如果列车行驶在有岔区段时，则道岔也会被锁闭（检查锁闭）。根据相关要求，可对列车驶过后的区段进行分段解锁。

只有在正确的进路设定并锁闭后，道岔区段才会获得移动授权。移动授权一旦获得，只有在列车驶过道岔区且被证实后，或移动授权已被取消并且生效后，相关进路才会解锁，进路才会开放。

16. 列车定位故障时的响应

列车定位功能发生故障时，进路锁闭仍然保持有效，直到信号系统证实列车已驶出道岔区（即道岔区段内已没有列车）或根据行车规程确定，或者两者都采用。

17. 道岔失表的响应

如果道岔区出移动授权后，道岔失去表示，那么系统就会将移动授权降低至联锁区段入口处。如果列车已进入道岔的安全制动距离，那么CC就会立即实施紧急制动。

18. 超速防护

在安全制动模式下确立、监督及执行ATP曲线时，CC会确保在任何条件下（包括故障），列车的实际速度都不会超过安全行驶速度。安全速度由以下限制因素决定：
- ATP曲线规定的区段永久限速。
- ATP曲线规定的区段临时限速。
- 适用于特定列车等级或配置的永久限速。
- 使列车在移动授权限制内安全停车的最大速度，或在进入某区段时，使列车减速至该区段永久/临时限速的最大速度。

列车的任何一部分进入限速区时，即应适用限速。

19. 轨道终点防护

轨道终点防护使列车在接近轨道终点时停止运行。

轨道终点防护属于超速防护功能的一部分，也可以说是与超速防护功能相互配合，防止列车超越轨道终点。如规定有缓冲区，该功能可防止列车超过设计限速，和轨道终点相撞。安全制动模式是轨道终点防护的设计基础。

20. 工作区域防护

工作保护区域指的是通过ATS指示并且受到TSR的防护，ZC发送TSR到CC从而禁止ATO模式。

系统不会授予列车进入封锁区段的移动授权。系统在列车接近和通过限定的工作区域时进行限速。在列车通过工作区域时，如果CC收到来自ATS发来的ATO停用指示，系统还可禁用ATO模式。

21. 门控

在AM和ATB模式下，ADO/ADC，ADO/MDC和MDO/MDC都能用。在ATP人工

和 IATP 下，MDO/MDC 可用。值得注意的是，在 IATP 模式下，CC 不能使车门和安全门协调动作。在 RM 和 NRM 模式下，车门控制功能不能由 CC 提供。车门动作和车门控制信号之间的关系（使能，开，关）包括在 RS-CC ICDD 里。

CC ATP 开门功能的基本要求是：
- ➢ 列车处于零速状态。
- ➢ 列车已对准站台的正确位置。
- ➢ 列车已实施常用制动。

若能满足所有这些条件，列车车门就会接收到指令并打开。如检测到列车车门没有全部关闭，列车就不会开动。若 CC 发生故障，列车会立即停车，车门只能在旁路模式下打开，列车停止后，若车门控制处于旁路模式，车门即可人工打开。

CC 的 ATP 功能可以确保车辆完全停止后打开车门。CC ATP 可实现两个安全的门控输出（左门可开和右门可开）。根据运行模式的不同，车门依照 ATO 指令或司机的指令开启。

如果 CC 检测到列车一个车门处于打开状态，将实行全常用制动。应当注意紧急制动不会实施，因为存在一个会使乘客从打开的车门甩出车外的潜在的安全隐患。

22. 车门开启授权

列车停止（速度低于零速）并与站台对齐后，车门可依据运行模式的不同通过人工或自动打开。CC 会提供开启哪一侧车门的提示。

收到车辆对齐信号后，CC ATO 发出制动指令，使车辆停靠在预定位置，并在达到零速时取消牵引，并实施制动。

如果列车未达站台或越过站台，CC 就会向司机发出警报，让司机进行人工调整。如果停车位置超过预先定义的位置，列车会继续行驶到下一车站。

CC 会在列车操作人员的显示器上显示 ATS 的停站时间。如果 ATS 发出一个有效的扣车命令，那么列车会无限期停站，直至扣车命令撤销。

CC ATP 向车门控制电路（或控制器）发出两个门控信号，左门可开或右门可开。列车在预定公差范围内与站台对齐后，CC 会根据线路数据库和车辆运行方向决定哪侧门可开。停站结束后，所有车门关闭并锁闭列车开始移动，门控可开撤销。

23. 站台屏蔽门开启授权

MicroLok II 可安全地提供正确一侧的站台屏蔽门的门使能和取消，也能向它们发送开门和关门关指令。

列车在预定误差范围内停止后，CC 通过 ZC 请求 MicroLok II 打开相应站台一侧的安全门。同时，MicroLok II 会请求安全门控制器打开安全门。

停站时间一结束，CC 就向车辆和安全门控制器发出请求，关闭安全门和车门。然后，司机须按下发车按钮，向下一车站开行。车门和安全门的开关可以同时进行。在设计联络阶段协调确定车门、安全门的开关顺序。

24. 车门状态监控

CC ATP 从车辆车门电路（或控制器）处获得"所有门关闭"的安全输入信息。如果在列车移动时 CC ATP 未检测到"所有门关闭"的信息，就将实施完全常用制动。

列车运行过程中车门状态丢失时，FSB 会实施。如果车门状态恢复正常，FSB 将取消，恢复到正常运行。如果列车停止时，司机检查到所有的条件为安全时，门旁路开关用来旁路车门关闭信号，然后列车可以以正常驾驶模式起动。

如果在列车停止时"所有门关闭"状态丢失，CC ATP 会防止列车移动。

25. 站台屏蔽门状态监控

站台屏蔽门的状态信息由联锁设备进行接收。如果列车尚未与站台对齐并且车门尚未允许打开时，安全门打开，那么 ZC 将检测到此情况并且防止车辆接近车站站台。

26. 车门关闭顺序

停站结束后，司机可以人工关闭车门。如果关车门模式选择开关位于"自动"位置并且处于 ATO 模式下，车门则会自动关闭。

门控制开关有 3 挡：自动开门/自动关门（ADO/ADC），自动开门/手动关门（ADO/MDC）和手动开门/手动关门（MDO/MDC）。

27. 紧急制动使能（实施）

以下情况会导致 EB 实施：
- 超速。
- MAL 丢失。
- 列车完整性丢失。
- 列车停止后移动。
- 后溜。
- 与 ZC 的通信丢失。
- CC 致命错误。
- 当列车接近或在站台内时站台屏蔽门关闭和指示丢失。
- 列车接近联锁时道岔失表。
- 运行中的列车靠近另一列车过近。

如果列车停止并且没有触发 EB 的原因，CC 缓解 EB。

列车紧急制动系统能使列车在安全制动模式所确定的停车距离内停车。紧急制动一经激活，在列车完全停车前就不会缓解。即使 ATP 所测定的列车运行状况错误，紧急制动仍将继续，任何复位信号和干预行为均为无效，唯一例外是当 CBTC 系统（在严格的操作顺序下；在这一情况下，不管 CBTC 系统是否取消紧急制动命令，车辆应保证紧急制动命令的执行直到列车完全停止）被旁路时，所有 ATP 功能将失效。如果紧急制动复位且 ATP 正常，列车将可以开动或继续行驶，但如果列车实际速度再次超过 ATP 曲线速度，或继而发生功能故障，紧急制动则会像上一次那样再次实施。

列车的移动授权限制受若干 ATP 因素的制约。另外，对每种类型而言，这些制约因素可根据以下标准分类：
- CC 直接识别。
- ZC 识别，并向各列车发送专用综合信号（包括轨旁设备）。

该分类依照下列一般原则进行：
- CC 仅按照列车位置和/或运行模式对限制要素进行自我识别。
- ZC 对限制条件进行汇总，并针对其他列车作出自我防护（列车间隔），包括行驶方向上的迎面冲突防护。

28. 列车完整性监督

列车完整性是一个作为 CC 安全输入的列车显示，当 CC 检测到列车完整性丢失时，将实施 EB。一旦列车完整性丢失，CC 还将禁止所有 CBTC 运行模式。

列车是由两节或更多的单独车厢连挂在一起组成。信号系统能够根据车辆提供的输入对列车分解进行检测和防护。无论车厢是否永久连挂在一起，还是由于维护或运行原因需要定期解钩，列车都要求具备分解防护功能。

29. ATP 模式下的人工折返

列车到达折返站，在规定的停站时间结束后，人工关闭车门和站台屏蔽门。在 ATPM 模式下司机驾驶列车运行到折返轨停车。司机取出钥匙并且走到另外一边驾驶室插入钥匙，也可以由位于另外一个驾驶室的司机插入钥匙，来启动驾驶台。司机在 ATPM 模式下驾驶列车运行到发车站台，人工打开车门和站台屏蔽门。

车载信号设备连续监控列车速度并在超过最大允许速度时实施紧急制动。

30. 站台/车站控制盘紧急关闭按钮

在正常的 CBTC（AM，ATB 和 ATPM）模式下，在紧急关闭按钮按下并有效时，ZC 会把站台区域作为一个限制的 MAZ（移动授权区域），直到紧急关闭释放按钮按下并有效时，紧急关闭按钮复位，列车防护不允许任何列车进入这个区域内，或者不允许任何列车在该区域内移动。在其他模式下，信号将被建立。

所有车站的站台和控制室都设有紧急关闭按钮。这些按钮一经按下，本站和这个区域内的上下行轨道的信号将立刻被关闭，并且这些区域内的移动授权也应该被取消。

当紧急停车按钮按下时，如果一 CBTC 列车已经进入站台区域，则列车将立即紧急制动并停车；如果 CBTC 列车正在接近站台，ZC 会将 MAL 更新到站台的前沿。为了防止列车接近站台区域，列车将会根据与站台的距离来决定施加全常用制动或紧急制动。

31. 发车联锁

列车处于 ATO 运行模式时，CC 会向司机发出警告提示，关闭车门。一旦 CC 检测到车门关闭并锁闭后，列车就可以向下一车站发车。在 ATO 运行模式下，列车停站结束后，TOD 上的发车指示灯就会点亮，司机按下发车按钮，向下一车站发车。

只有满足下列条件，CC 才会允许列车发车：
- ➢ 车门已关闭并锁闭。
- ➢ MAL 足够允许列车发车。
- ➢ ATS 的扣车指令未生效。
- ➢ 站台屏蔽门关闭并锁闭。

32. 受限进路的防护

系统可防止列车驶入非安全进路。这些非安全因素是由列车或进路的机械、土建、电力及其他预设的临时或永久状况造成的。系统还可与影响进路安全的危险检测设备接口。

33. 列车投入/退出正线

为了达到完成 CBTC 列车常规的投入和退出商业运营作业，在 CBTC 正线和车辆段之间设置一段约 150～200 m 长的"转换轨"进行联系。

【复习思考题】

1. 简述众合科技（安萨尔多）ATP 系统车载设备组成及各部分作用。
2. 简述众合科技（安萨尔多）ATP 系统地面设备组成及各部分作用。
3. 简述众合科技（安萨尔多）ATP 系统的功能。
4. 简述众合科技（安萨尔多）ATP 系统列车定位及速度测定原理。
5. 简述众合科技（安萨尔多）ATP 系统列车追踪原理。
6. 哪些情况移动授权限制最具约束性？
7. 众合科技（安萨尔多）ATP 系统如何实现停车保证功能？
8. ATP 开门功能有哪些基本要求？
9. 哪些情况下，ATP 系统会实现紧急制动？
10. 满足哪些情况，CC 会允许列车发车？
11. 简述众合科技（安萨尔多）ATP 系统列车前溜和后溜防护原理。

项目 3　交控科技 ATP 系统

【项目描述】

1. 交控科技 ATP 系统车载设备组成。
2. VOBC 车载机柜的组成。
3. 速度传感器、雷达传感器的功能及安装。
4. 车地无线通信方式。
5. 车载应答器接收设备组成。
6. 人机交互设备 MMI。
7. 交控科技 ATP 系统地面设备组成。
8. 区域控制器 ZC 的功能。
9. 数据服务器 DSU 的功能。
10. 交控科技 ATP 系统 ATP/ATO 的功能。

【项目目标】

1. 掌握交控科技 ATP 系统车载设备组成。
2. 了解 VOBC 车载机柜的组成。
3. 理解速度传感器、雷达传感器的功能及安装。
4. 理解车地无线通信方式。
5. 理解车载应答器接收设备组成。
6. 了解人机交互设备 MMI 界面。
7. 掌握交控科技 ATP 系统地面设备组成。
8. 理解区域控制器 ZC 的功能。
9. 理解数据服务器 DSU 的功能。
10. 理解交控科技 ATP 系统 ATP/ATO 的功能。

典型工作任务 1　车载子系统设备的组成及功能

【工作任务】

1. 掌握交控科技 ATP 系统车载设备组成。

2. 了解 VOBC 车载机柜的组成。
3. 理解速度传感器、雷达传感器的功能及安装。
4. 理解车地无线通信方式。
5. 理解车载应答器接收设备组成。
6. 了解人机交互设备 MMI 界面。

【知识准备】

基于通信的 CBTC 系统的车载 ATP 子系统车头、车尾各一套，头尾两端通过通信线缆相连，用以实现头尾两端设备之间的通信以及车地无线通信的双路冗余。车载 ATP 子系统采用"3 取 2"的安全冗余技术，确保了车载子系统的安全性、可靠性及可用性。

一、车载子系统结构

车载 VOBC 由列车超速防护系统（ATP）、自动驾驶系统（ATO）、车载人机界面系统（MMI）、车载记录系统（RSOV）、测速定位系统（速度传感器、雷达、BTM 等）、车载通信系统（DCS）等子系统组成，如图 3-1 所示。

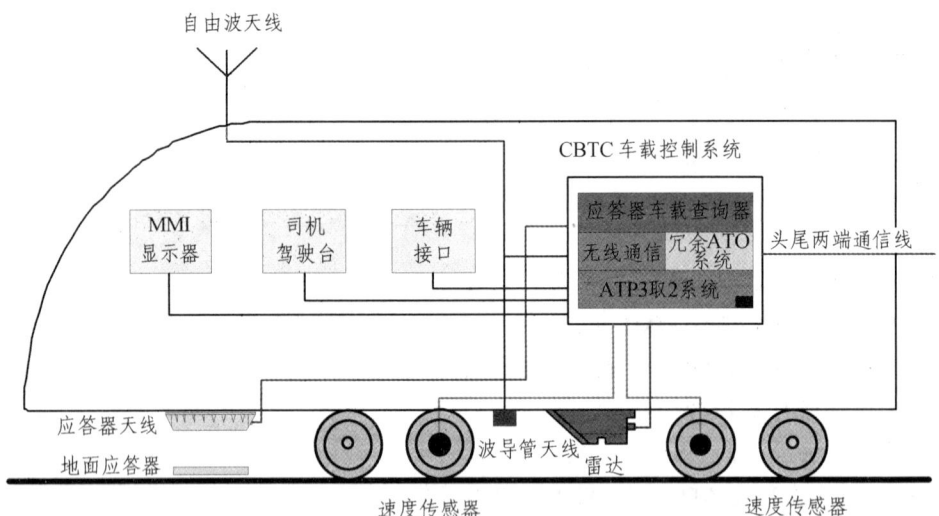

图 3-1 车载系统结构图

系统的组成主要包括：

（1）ATP 安全冗余单元（"3 取 2"）：车头、车尾各安装一套 ATP 车载设备，车载 ATP 采用"3 取 2"的冗余安全计算机结构。

（2）雷达传感器：车头、车尾分别安装一个雷达传感器，与速度传感器完成冗余的列车速度和走行测算与验证。

（3）速度传感器：车头、车尾在不同车轴安装独立的速度传感器，与雷达传感器完成冗余的速度和走行距离测算与验证。

（4）BTM应答器主机单元：车头、车尾各设置一个，与应答器接收天线一起，实现对应答器报文解析和列车位置矫正等。

（5）应答器接收天线：车头、车尾各设置一个，接收地面应答器发送的报文。

（6）车载无线单元：车头、车尾各安装一套车载无线自由波单元，双端互为冗余。

（7）车载自由波天线：车头、车尾各设置两个车载自由波天线，接收/发送来自沿线无线自由波的信号。

（8）MMI单元：车头、车尾各配备一套MMI单元设备，向司机提供驾驶信息的显示与操作控制。

（9）两端车载设备贯通线：车头、车尾设置贯通线，用于两端车载设备信息的交互。

（10）按钮及开关：包括驾驶模式选择按钮、ATO列车起动按钮及按钮灯等。

二、VOBC车载机柜

VOBC机柜由BTM、ATP、ATO 3个插箱组成，如图3-2、图3-3、图3-4所示。各模块主要由主机板、输入板、输出板、电源板、通信板、记录板、速度板等组成。

1. 电源板

110 V转5 V电源板，5 V电源板将车辆提供的110 V直流电源经过电源模块变换获得5 V电源，提供给ATP、ATO、DCS等使用。

110 V转24 V电源板，ATP设备需要设计两路冗余的24 V电源，ATO设备需要两路独立的24 V电源，DCS设备需要一路独立的24 V电源。

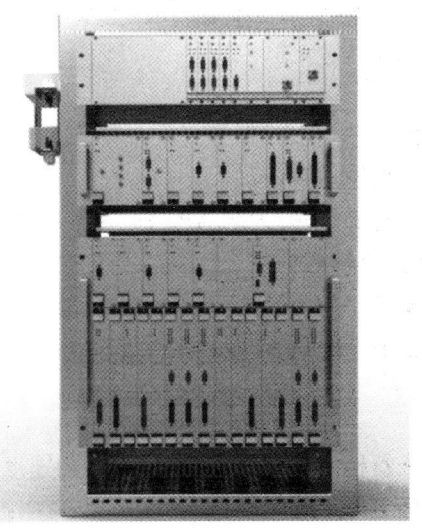

图3-2 VOBC机柜

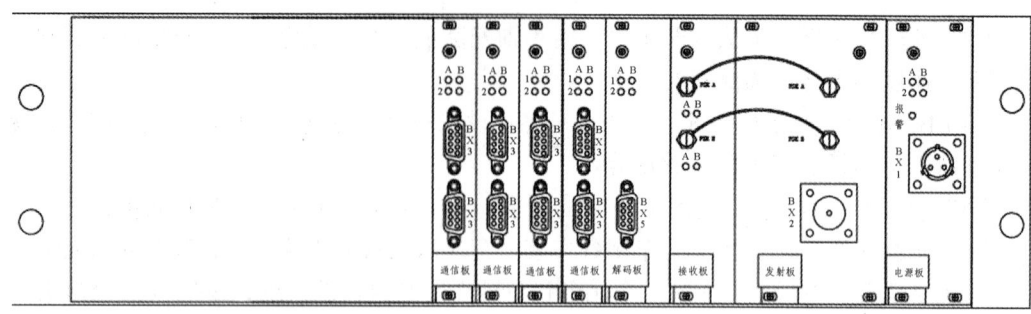

图 3-3 BTM 插箱模块位置图

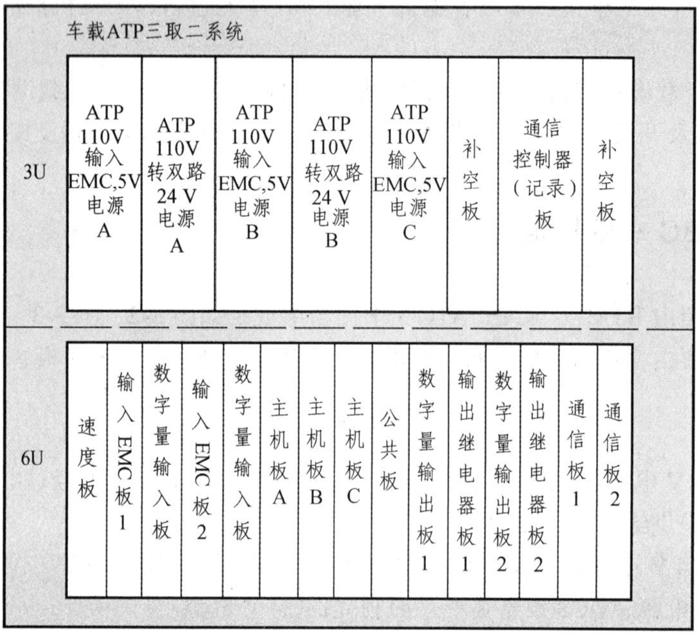

图 3-4 ATP 插箱模块位置图

2. 通信控制器（记录）板

通信控制器（记录）板是将通信控制器与记录系统做到一个板卡上，根据软件的不同可以实现通信控制与记录系统两种功能。

通信控制器通过以太网与 DCS 的无线 AP 进行通信，实现地车通信；同时通过 2 路隔离 ARCNET 实现车载设备两端通信。

记录系统通过 2 个非隔离 ARCNET 实现记录系统与通信板通信，使用 USB 接口进行转储，同时通过隔离 232 串口实现在线故障报告。

3. 速度板

速度板主要对速度传感器传来的信号进行处理。它给速度传感器提供 4 路 15 V 隔离电源，对 4 路速度脉冲信号进行 EMC、隔离处理，为 ATO 提供 4 路隔离的速度脉冲，为雷达和输入触点提供 24 V 电源及对外 EMC 防护（提供 2 路 24 V 电源）。

4. 输入 EMC 板

输入 EMC 板对外部开关量进行 EMC、限流、限压等处理，将处理后的信号提供给输入板。

5. 输入板

输入板负责将来自输入 EMC 板的信号进行隔离，并通过 3 系独立的输入处理电路进行采集，通过 SPI 总线将这些信息送至 3 个主机板，完成输入开关量信息的采集。

6. 主机板/通信板

ATP 主机板/通信板共划分为 12 个模块：CPU 最小系统模块；电源模块；数字量输入、输出接口模块；非隔离 ARCNET 通信接口模块；隔离 ARCNET 通信接口模块；速度脉冲信号处理和数字量输入模块；差分 SPI 信号处理模块；电平转换模块；ATTENTION 信号采集模块；隔离 RS-422 接口模块；隔离 RS-485 接口模块；隔离 RS-232 接口模块。

7. 公共板

公共板主要任务是向 3 个主机输出硬同步脉冲，以便三机同步工作。公共板主要完成以下功能：
- 接收来自外部的 5 个动态信号（每系 5 个）。
- 3 个处理单元输出故障安全的 2 个动态信号，判断本系工作是否正常。
- 故障安全的动态转直流电路及安全 5 V 输出。
- 3 系的安全直流电平表决。
- 安全 24 V 输出。
- 自关断电路。
- 安全直流电平表决电路和安全继电器组合反馈。
- 硬同步脉冲输出及相关诊断信号输出。

8. 输出板

3 个主机板均通过 SPI 总线与 3 个输出处理的 FPGA 相连，开关量输出在本板上表决后产生 24 V 输出，驱动继电器板上的继电器实现对外输出。用于表决的 5V 电源和输出的 24 V 电源受公共板的控制，当系统处于自关断状态时，这两个电源将被切断，直至系统断电重启前，这种切断状态将一直持续有效，保证系统的故障安全。

9. 输出继电器板

输出继电器板受相应的输出板控制，由输出板提供 24 V 电压驱动本板上的安全继电器，安全输出将由 4 个安全继电器组合后实现对外输出，对于非安全输出，仅有 1 个安全继电器对外输出。使用安全继电器可以对继电器的状态进行反馈自诊断。

10. 通信板

ATP 通信板 1 用于主机板与通信控制器间数据交换，进行头尾通信红网、MMI 红网通信、ATO 通信等功能。

ATP 通信板 2 用于主机板与通信控制器间数据交换，进行头尾通信蓝网、MMI 蓝网通信、TMS 通信等功能。

三、速度传感器

列车的头尾两端分别安装 2 个 DEUTA 公司的 DF16 速度传感器，速度传感器应安装在无动力的滚动轮轴上，两个速度传感器应该安装在不同的转向架上，其中一个速度传感器故障不影响系统的正常工作。建议两个速度传感器应该安装在第 2 轮对和第 3 轮对上，可以安装在列车的两侧。产品的质量要求在 3.5 kg 左右，包括自带护套电缆。

DF16 速度传感器是一种光电式速度传感器，用于输出机车运行速度的数据。该速度传感器具有双通道，两通道间彼此隔离，且带有极性保护、输出短路保护。传感器可方便地安装于轴箱盖上，传动部分采用软性连接，能克服安装不同心及驱动间隙。

速度传感器安装后的效果图如图 3-5 所示。

图 3-5　速度传感器安装完毕后的效果图

四、雷达传感器

为了能够对列车的速度和位置进行精确测量，防止列车空转打滑的影响，在列车的头尾两端分别安装了一个多普勒雷达传感器，采用 DEUTA 公司的 DRS05a 雷达。雷达安装于列车底部，雷达和道床反射面之间的距离为 500～1 000 mm。雷达必须安装在轨道扣件的上方，靠钢轨的内侧。尽量保证与列车的前进方向一致，俯仰角、横滚角尽量保证在 0°，这样能保证较好的测速精度。

雷达的尺寸和所要求的无金属区域如图 3-6 所示。

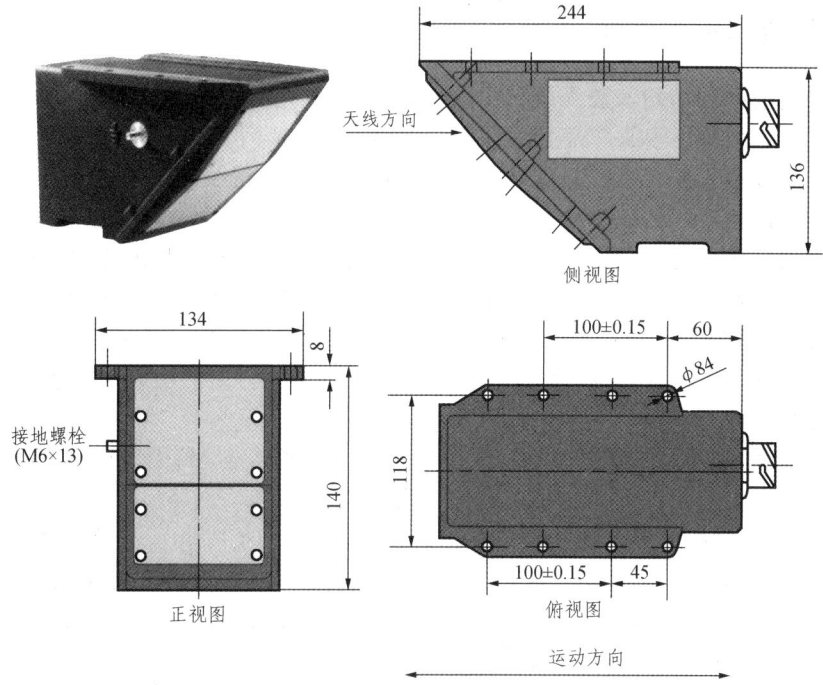

图 3-6 雷达尺寸

无论何时，在雷达天线与反射面之间不能有任何遮挡物或移动物体。

传感器的整体尺寸 ≤ 240 mm × 130 mm × 136 mm（不含设备总线和连接器），产品的质量要求 ≤ 3 kg。

DRS05a 雷达传感器是一种非接触式速度传感器，它通过天线发送和接收电磁波，然后通过处理两者的频率得出列车的运行速度，并能够判断方向和计算里程。DRS05a 雷达传感器具有两个天线，极大地提高了测试精度。

雷达传感器安装后的效果示意图如图 3-7 所示。

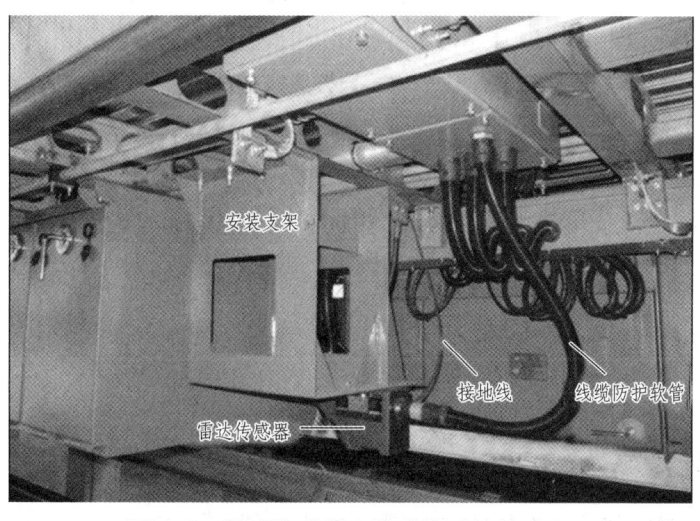

图 3-7 雷达传感器安装完毕后的效果图

五、无线自由波天线

在列车的头尾两端均安装无线自由波网络设备,包括无线接收的天线,每端安装两个天线用于天线分集。车头车尾的无线网络设备分属于两个独立的无线网络系统,任意一个网络发生故障,整个系统均能够继续保持正常工作。无线网络系统与ATP"3取2"系统进行双向通信。

车地无线通信通常采用无线自由波方式,也可根据具体线路情况或需求选用波导管方式。信号系统车-地无线网络系统基于类似IEEE802.11 g的专用通信协议,是IEEE802.11 g标准草案中5 MHz带宽的窄带通信技术。车-地无线网络工作在2.4 GHz(2.4~2.483 5 GHz)开放频段,采用冗余双网设计。双网分别对应有线网络的冗余ATC网,轨旁无线单元与车载无线单元配置都是冗余的。

信号系统车-地无线网络全部使用工业级的无线设备构建。利用专有的工业级无线设备组件,构建一个高可靠和高可维护性的全线车-地无线通信网络。

车-地无线网络在列车上配置信号系统车载无线单元(Client)、车载天线。在车头、车尾分别安装一套信号车载无线单元及车载天线,通过车顶的天线,分别与两个ATC骨干网上的AP相关联,同时利用两个ATC骨干网发送/接收数据。

车-地无线网络结构如图3-8所示:

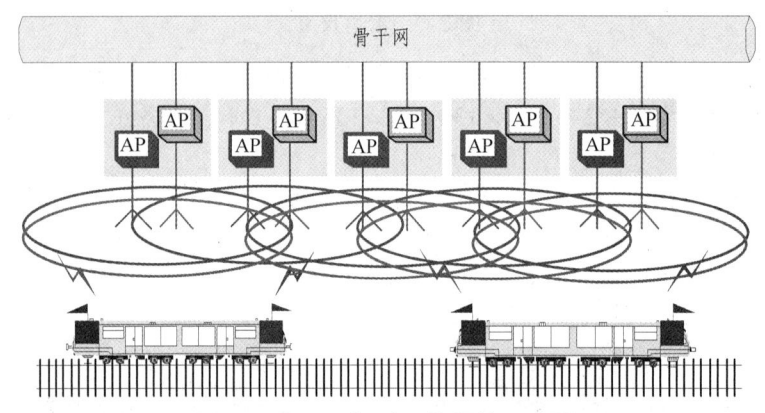

图3-8 DCS车-地无线网络示意图

为减少无线干扰且便于实施,车-地无线网络采用无线方式传输,但是采用窄带通信技术,另外还采取多种抗干扰措施,如定向天线、双频冗余覆盖、电磁兼容设计等。

车-地无线网络设备包括轨旁接入点、定向天线、车载无线单元、车载天线以及各种射频电缆,所有无线设备均使用工业化、模块化的COTS产品,可以方便地升级、维护和扩展。

车-地无线网络覆盖线路所有区域,包括:正线区间线路、车站正线、折返线、停车线、联络线、车辆段内试车线、车辆段出/入段线、车辆段内停车/列检线和周/日月检线等。

六、BTM系统

列车的头尾两端都安装欧标的应答器查询器,接收系统有4块通信板与车载ATP"3

取 2"系统的 3 个主机及 ATO 主机通过 RS422 接口分别相连，应答器接收系统还提供 ATTENTION 信号以便通过应答器对列车当前的位置进行精确的校准，车载设备利用应答器信息还可以获得列车当前的运行方向。在以点式级别运行时，车载设备可以通过可变应答器获得点式下的移动授权。通过接收地面点式环线的信息，车载设备还可以对红灯时司机的误出发进行防护。车载应答器接收设备的组成结构如图 3-9 所示。

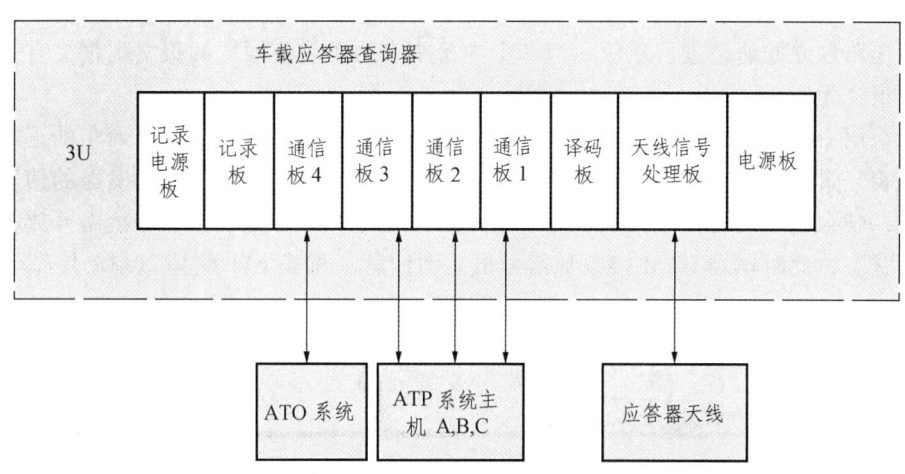

图 3-9　应答器接收设备组成结构

应答器接收设备包括 BTM 和应答器天线，BTM 采用"2 取 2"冗余结构，BTM 通过应答器天线接收地面应答器信息，通过两路独立的硬件通道采集应答器报文信息，通过两路独立的接收板和解码板接收和解析应答器报文信息，通过两条 CAN 总线传输至通信板。每一路通信板对两路应答器信息进行冗余处理，与车载 ATP 的"3 取 2"主机系统采用 3 路独立的通道进行通信，保证系统的可靠性。车载 BTM 子系统组成如图 3-10 所示。

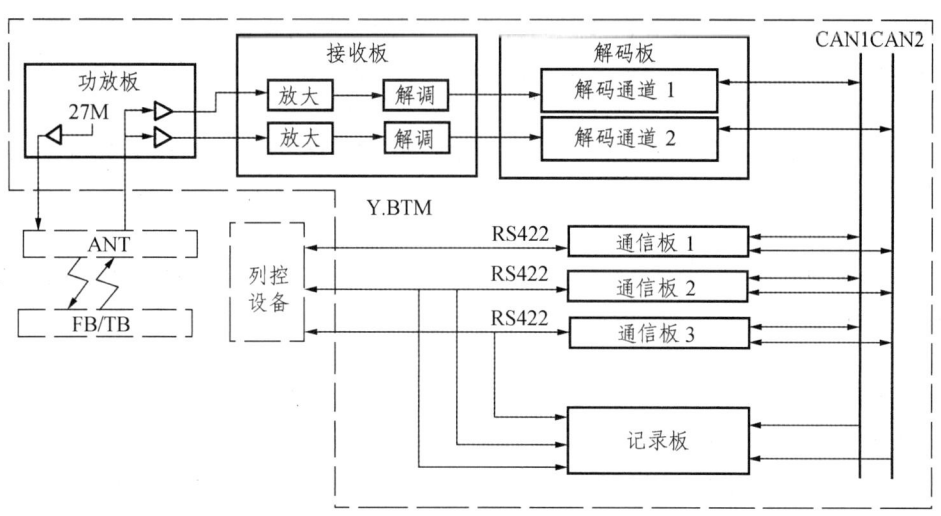

图 3-10　BTM 系统冗余结构图

➢ BTM 子系统：车头车尾各安装一套 BTM 设备，由功放板、接收板、解码板、通信板、记录板组成。
➢ 应答器接收天线：车头、车尾各设置一个，接收地面应答器发送的报文。

车头、车尾 ATP 仅与本端的 BTM 通信，本端 BTM 通过本端应答器天线接收应答器报文，单端应答器天线的可靠性指标非常高，完全满足车载 VOBC 定位、点式级别运行的功能要求，但为了进一步提高应答器接收的可靠性，车载 ATP 的"3 取 2"主机系统采用 3 路独立的通道进行通信，当 3 个主机中有两机收到同样的报文则报文有效，否则认为报文无效。

未采用 BTM 天线双端冗余，主要是为避免尾端 BTM 接收的信息对列车的正常运行造成影响。如图 3-11 所示：点式级别下，列车接收信号机前有源应答器发送的信号机开放报文，驶入信号机防护范围后，随着列车占压信号机后方区域，信号机由开放状态变为关闭状态，此时尾端 BTM 接收到信号机关闭信息，车载 ATP 将紧急制动停车。

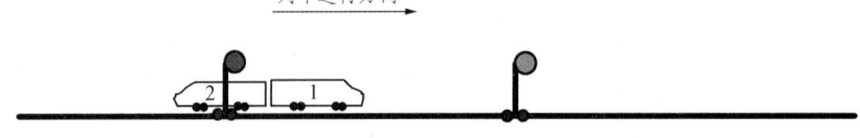

图 3-11 尾端应答器天线接收红灯报文

七、应答器

应答器可以分为有源应答器、无源应答器、环线应答器 3 类，符合欧标应答器的各项标准、要求。

1. 有源应答器

有源应答器包含可变应答器和填充应答器两种：可变应答器布置在进路始端信号机前，向经过的点式列车发送点式 MA 信息。填充应答器用以复示前方信号机的状态信息，根据牵引计算的结果进行设置，用以提高线路的通过能力。

有源应答器带有长度为 9.6 m 的尾缆，尾缆采用 WDZC-LEU-BSYPY（1×2×1.14）双绞屏蔽电缆，并有蛇皮管防护。其外形尺寸：450 mm×260 mm×40 mm，图 3-12（a）所示为有源应答器的实物图。

有源应答器接收来自 LEU 的 8.82 kHz 偏置电压信号，经过整流稳压后为应答器有源部分提供电源。

2. 无源应答器

无源应答器中存储的信息包含应答器标识信息，该标识对于整个线路上的每个应答器是唯一的。应答器标识同样包含在储存于车载 ATP 里的静态线路描述中，当列车经过应答器时，车载 ATP 通过查询获得应答器的信息，可实现列车的位置校正。

3. 环线应答器

环线应答器外形如图 3-12（b）所示，具体规格参数如下：

➢ 有源环线应答器外形尺寸：4 000 mm × 790 mm。
➢ 有源环线应答器自带尾缆长度 10 m。

环线应答器安装于钢轨中间，环线应答器通过环形感应天线向车载设备发送 4.23 MHz 的频移键控 FSK 载频信号。

（a） （b）

图 3-12 有源应答器、环线应答器实物

八、MMI 系统

MMI 是司机与 ATP/ATO 设备交互的接口，一方面用于向司机显示来自 ATP/ATO 设备的信息，另一方面接收司机输入操作。

MMI 的安装位置、倾角等要方便司机监视。MMI 安装示意图如图 3-13（a）所示（根据不同的线路会略有区别）。MMI 的显示示例如图 3-13（b）所示。

（a） （b）

图 3-13 MMI 安装位置、显示示意图

典型工作任务 2　轨旁子系统设备的组成及功能

【工作任务】

1. 掌握交控科技 ATP 系统地面设备组成。
2. 理解区域控制器 ZC 的功能。
3. 理解数据服务器 DSU 的功能。
4. 了解 ZC/DSU 的设备组成。

【知识准备】

一、区域控制器（ZC）

ZC 子系统是 CBTC 系统中 ATP 系统的轨旁部分，是 CBTC 系统中的地面核心控制设备，是地-车信息交互的枢纽。ZC 子系统联系着各个子系统，其可靠性和可用性关系到整个 CBTC 的顺利运营以及运行效率。ZC 子系统主要负责根据通信列车所汇报的位置信息以及联锁所排列的进路和轨旁设备提供的轨道占用/空闲信息，为其控制范围内的通信列车计算生成移动授权（MA），保证其控制区域内通信列车的安全运行，具备在各种列车控制等级和驾驶模式下进行列车管理的能力。

1. ZC 基本信息

型号：ZC-CBTC-LCF300-A。
用途：ZC 设备属于轨旁 ATP 设备，用于计算列车的移动授权（MA）。
特点：ZC 属于安全设备，采用 "2 取 2 乘 2" 结构的安全计算机平台。
ZC/DSU 整机结构如图 3-14 所示。

2. 技术要求

（1）ZC 按 24 h 不间断运行设计，满足特殊情况下 24 h 不间断运营的要求。
（2）ZC 采用周期控制的工作方式，工作周期为 400 ms。
（3）列车因信号系统原因产生非期望的紧急制动≤1.5 次/万组公里。
（4）整个系统的可用性≥99.98 %。
（5）ZC 设备平均无故障时间≥2 500 h。
（6）故障趋向危险≤10^{-9} 故障每列车小时。
（7）ZC 在设备集中站的信号设备室中使用。

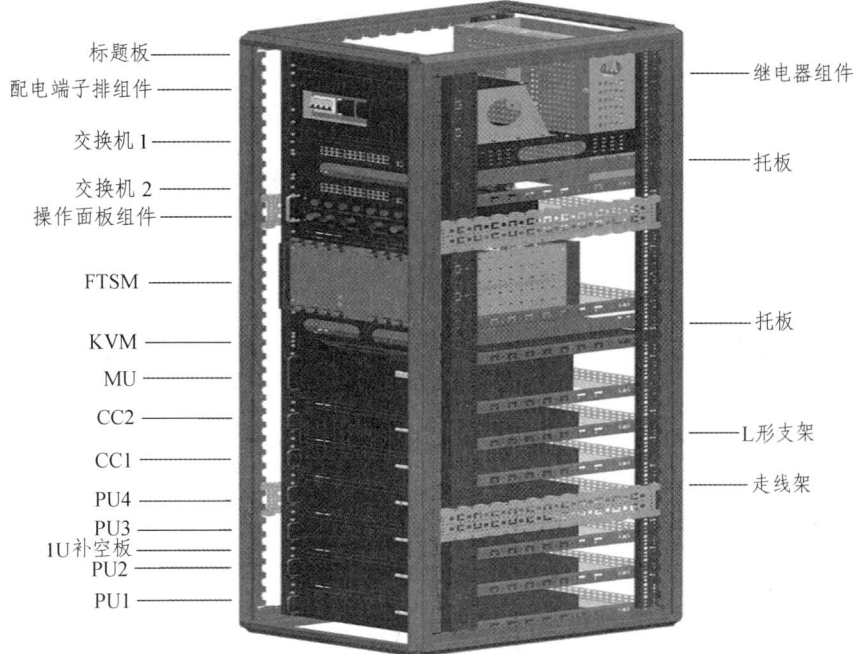

图 3-14 ZC/DSU 整体结构示意图

3. ZC 的功能

ZC 主要完成计算列车的移动授权（MA），计算列车安全位置，更新轨道占用状态，为列车进行排序等功能。

除部分维护功能外，ZC 的其他全部功能都符合 SIL4 的安全标准，ZC 设备反应时间不大于 1 s。

ZC 是 CBTC 系统中 ATP 系统的轨旁部分，它联系着各个子系统，其可靠性和可用性关系到整个 CBTC 的顺利运营以及运行效率。ZC 采用双系并行工作的"2 乘 2 取 2"安全计算机系统，内部通信和外部通信都采用冗余通道设计。双系之间采用隔离技术，对其中一系进行维修与替换不会对另外一系以及其他子系统的正常工作造成任何影响，即任何一个 ZC 计算机或网络设备不能正常工作，整个系统仍可继续正常工作，不会导致其他子系统无故切换。

二、数据服务器（DSU）

DSU 应用子系统为 DSU 子系统的软件部分，DSU 子系统是 CBTC 系统中 ATP 系统的轨旁部分，完成对整个线路数据库和版本号的管理工作。

DSU 子系统作为涉及行车安全的设备，其能否安全可靠运行将直接影响整个 CBTC 系统的安全运营和线路通行效率，DSU 安全计算机平台从硬件设计上采用了"2 取 2 乘 2"结构，从最大程度上保证数据的准确性以及列车运行的安全，并保证了 DSU 应用程序在安全计算机平台上运行出现某些问题时能够维持整个系统的正常运转。

1. DSU 基本信息

型号：DSU-CBTC-LCF300-A。

用途：DSU 设备属于轨旁 ATP 设备，完成对整个线路数据库和版本号的管理工作。

特点：DSU 属于安全设备，采用"2 取 2 乘 2"结构的安全计算机平台。

2. 技术要求

（1）DSU 按 24 h 不间断运行设计，满足特殊情况下 24 h 不间断运营的要求。

（2）DSU 采用周期控制的工作方式，工作周期为 2 s 以内。

（3）列车因信号系统原因产生非期望的紧急制动 ≤1.5 次/万组公里。

（4）整个系统的可用性为 ≥99.98%。

（5）DSU 设备平均无故障时间 ≥2 500 h。

（6）故障趋向危险 ≤10^{-9} 故障每列车小时。

（7）DSU 在设备集中站的信号设备室中使用。

3. DSU 的功能

DSU 主要实现数据库版本号下载，动态数据库的存储，动态数据库下载，时钟同步，提供维护数据，系统故障报警等功能。

除部分维护功能外，DSU 的其他全部功能都符合 SIL4 的安全标准，DSU 设备反应时间不大于 1 s。

由于 CBTC 系统是一个安全苛求系统，DSU 子系统作为涉及行车安全的设备，其能否安全可靠运行将直接影响整个 CBTC 系统的安全运营和线路通行效率，因此必须符合故障-安全原则，DSU 安全计算机平台从硬件设计上采用了"2 乘 2 取 2"结构，从最大程度上保证数据的准确性以及列车运行的安全，并保证了 DSU 应用程序在安全计算机平台上运行出现某些问题时能够维持整个系统的正常运转。

在国产 CBTC 系统中，安全计算机平台由 6 台 COTS 的工业控制机组成，包括 4 台主机，两台通信控制器，DSU 子系统运行在主机上，由平台程序进行调用，在每个周期接收到的数据将同时发送给 4 台主机，保证 4 台主机之间数据的一致性，同时还会对输入和输出数据进行双机的逐位比较，若出现不一致的情况，将报错，同时将该数据丢弃。由于平台在运行过程中考虑到主备通道之间的切换问题，DSU 需要将系统在运行过程中可能更改的全局变量向平台提供接口，供平台调用，保证主机与主机之间数据的一致性。在硬件方面，安全计算机平台通过硬件的容错、安全结构设计和与其配合的平台软件来实现安全相关功能。安全计算机平台的容错、安全处理过程对于 DSU 应用流程透明。安全计算机平台提供一个安全、可靠的硬件和软件平台，DSU 应用子系统对于安全计算机平台而言只是构建于 VxWorks 实时多任务操作系统之上的安全计算机平台软件之上的应用软件。

三、ZC\DSU 系统的设备组成

ZC 与 DSU 设备硬件组成、设备维护、操作均相同，下面仅以 ZC 为例进行介绍。

1. ZC 系统的设备组成

表 3-1 ZC 系统最小单元组成

所属子系统	所属模块	单元名称	单元类型	厂家名称
ZC	电源	空开	接插件	SIEMENS
		防雷模块	接插件	PHOENIX
	交换机	交换机 1	接插件	H3C
		交换机 2	接插件	H3C
		内部通信网线	线缆	TCT
	3U 插箱	A 系电源指示灯	模块	TCT
		A 系运行指示灯	模块	TCT
		通信控制器 A 电源指示灯	模块	TCT
		通信控制器 A 运行指示灯	模块	TCT
		A 系工作带指示灯按钮	模块	TCT
		A 系恢复带指示灯按钮	模块	TCT
		通信控制器 A 恢复带指示灯按钮	模块	TCT
		B 系电源指示灯	模块	TCT
		B 系运行指示灯	模块	TCT
		通信控制器 B 电源指示灯	模块	TCT
		通信控制器 B 运行指示灯	模块	TCT
		B 系工作带指示灯按钮	模块	TCT
		B 系恢复带指示灯按钮	模块	TCT
		通信控制器 B 恢复带指示灯按钮	模块	TCT
	FTSM	电源板（A 系）	板卡	TCT
		输入输出板（A 系）	板卡	
		逻辑板（A 系）	板卡	
		通信板（A 系）	板卡	
		背板（A 系）	板卡	
		电源航插（A 系）	线缆	
		内部通信网线（A 系）	线缆	
		电源摇头开关（A 系）	接插件	

续表

所属子系统	所属模块	单元名称	单元类型	厂家名称
ZC	FTSM	电源板（B系）	板卡	TCT
		输入输出板（B系）	板卡	
		逻辑板（B系）	板卡	
		通信板（B系）	板卡	
		背板（B系）	板卡	
		电源航插（B系）	线缆	
		内部通信网线（B系）	线缆	
		电源摇头开关（B系）	接插件	
	显示单元	KVM	接插件	ATEN
		键盘	接插件	ATEN
		触摸板	接插件	ATEN
		VGA视频连接线缆	线缆	TCT
	维护机	维护工控机	接插件	研祥
		维护网通信网线	线缆	TCT
		内部通信网线1	线缆	TCT
		内部通信网线2	线缆	TCT
	通信控制器	工控机CC1	接插件	控创、凌华
		蓝网通信网线	线缆	TCT
		内部通信网线	线缆	TCT
		DB25通信线	线缆	TCT
		DB9通信线	线缆	TCT
		工控机CC2	接插件	控创、凌华
		红网通信网线	线缆	TCT
		内部通信网线	线缆	TCT
		DB25通信线	线缆	TCT
		DB9通信线	线缆	TCT
	处理单元	工控机PU1	接插件	控创、凌华
		内部通信网线	线缆	TCT
		DB25通信线	线缆	TCT
		DB9通信线	线缆	TCT
		工控机PU2	接插件	控创、凌华

续表

所属子系统	所属模块	单元名称	单元类型	厂家名称
ZC	处理单元	内部通信网线	线缆	TCT
		DB25 通信线	线缆	TCT
		DB9 通信线	线缆	TCT
		工控机 PU3	接插件	控创、凌华
		内部通信网线	线缆	TCT
		DB25 通信线	线缆	TCT
		DB9 通信线	线缆	TCT
		工控机 PU4	接插件	控创、凌华
		内部通信网线	线缆	TCT
		DB25 通信线	线缆	TCT
		DB9 通信线	线缆	TCT

2. 组成结构及位置关系示意图

ZC 采用双系并行工作的"2 乘 2 取 2"安全计算机系统,内部通信和外部通信都采用冗余通道设计。双系之间采用隔离技术,对其中一系进行维修与替换不会对另外一系以及其他子系统的正常工作造成任何影响,即任何一个 ZC 计算机或网络设备不能正常工作,整个系统仍可继续正常工作,不会导致其他子系统无故切换。

ZC 机柜结构及位置关系示意图如图 3-15 所示。

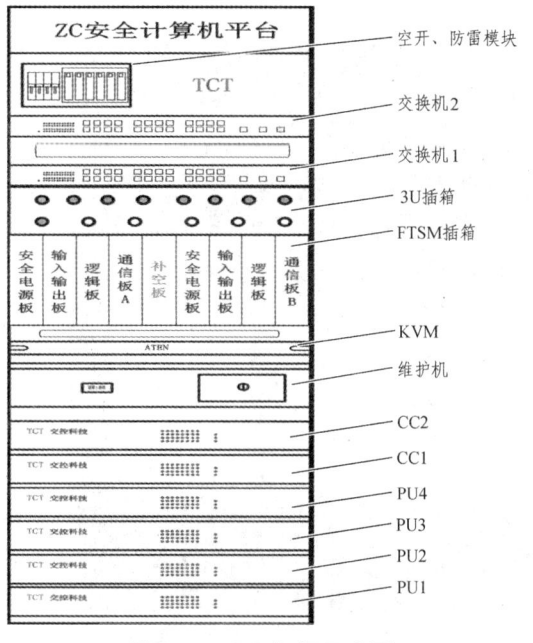

图 3-15　ZC 机柜示意图

ZC 机柜网络连接示意图如图 3-16 所示。

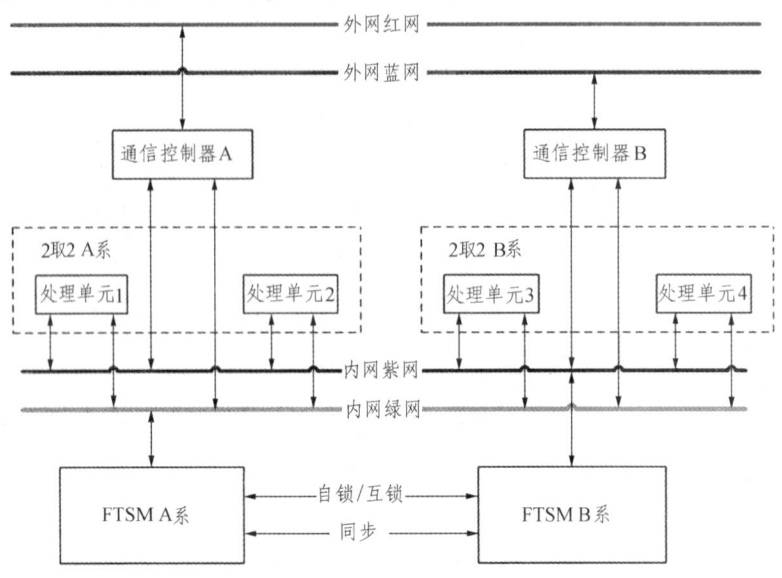

图 3-16 ZC 机柜网络连接示意图

ZC 内外网均采用双系冗余配置，内部处理单元均与内网紫网、绿网连通，通信控制器 A、B 分别与外网红蓝网相连，双系热备冗余，任何单系故障，不影响整个系统的正常工作。

3．相关单元模块及指示灯含义介绍

1）防雷模块

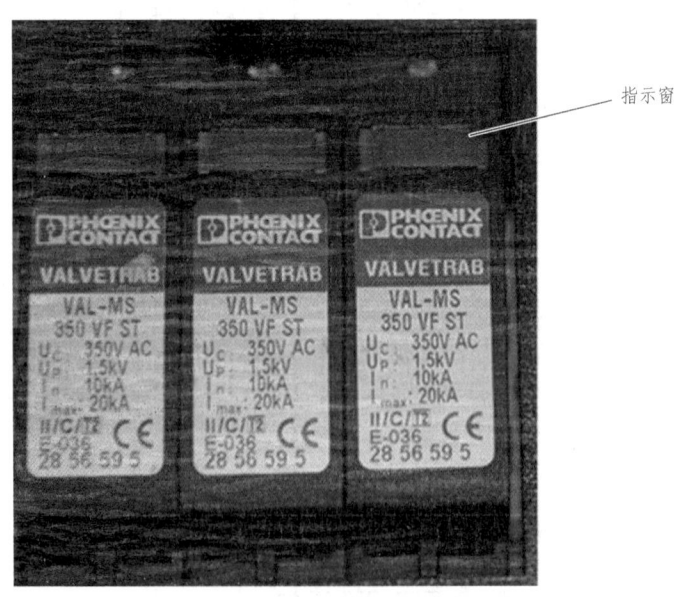

图 3-17 防雷模块示意图

防雷模块指示窗为透明色时，表示防雷模块为正常工作状态；当指示窗变为红色非透明状时，表示防雷模块失效，需及时更换，如图 3-17 所示。

2）交换机

ZC 机柜有两台网络交换机，内部通信网络由 2 条相互独立的 100 M 以太网络构成，如图 3-18 所示，用于 ZC 内部数据通信，分别对应绿网、紫网，且两个交换机独立工作，互不影响，从而保证即使单个故障时，不影响 ZC 正常工作。

ZC 内部设备、模块通过网线与交换机相连，从而实现内部硬件之间的相互通信。

图 3-18　交换机结构示意图

交换机指示灯状态如图 3-19 所示。

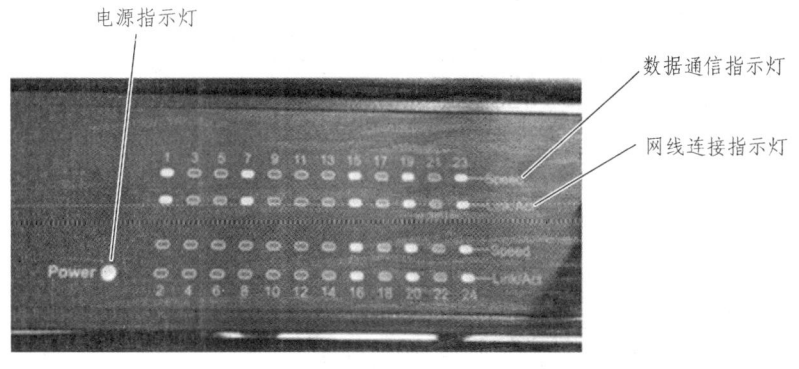

图 3-19　交换机指示灯示意图

正常状态下，电源灯常亮，连接了网线的端口对应指示灯常亮，数据通信指示灯闪烁。

4．3U 插箱

3U 插箱为 ZC 机柜工作状态的直观显示、控制单元，其主要包括：

（1）按钮。A 系工作、A 系恢复按钮，B 系工作、B 系恢复按钮，对通信控制器 A 设置通信控制器 A 恢复按钮，对通信控制器 B 设置通信控制器 B 恢复按钮。

（2）指示灯。A 系电源、A 系运行、A 系工作、A 系恢复 4 个指示灯，B 系电源、B 系运行、B 系工作、B 系恢复 4 个指示灯，通信控制器 A 电源、通信控制器 A 运行、通信控制器 A 恢复 3 个指示灯，通信控制器 B 电源、通信控制器 B 运行、通信控制器 B 恢复 3 个指示灯。

通过 3U 插箱指示灯面板可以查看 ZC 机柜自身运行状态，其正常状态如图 3-20 所示。此外，还可以通过按压其按钮来实现主备系的切换、故障系的恢复、故障通信控制器的恢复等。

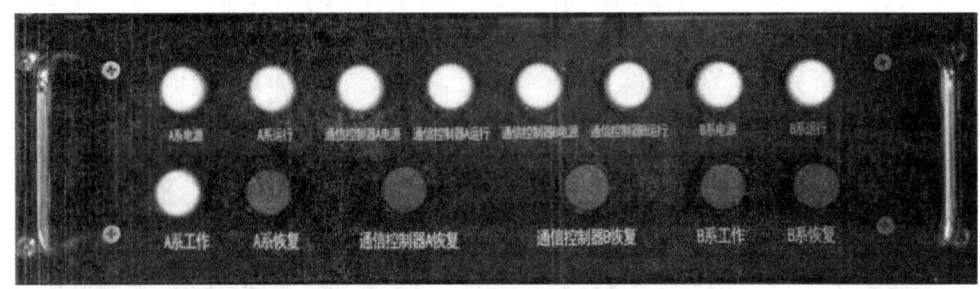

图 3-20 3U 插箱指示灯面板

3U 插箱指示灯相关含义见表 3-2。

表 3-2 3U 插箱指示灯相关含义

单元模块	指示灯	指示灯含义	指示灯常态
3U 插箱	A 系电源指示灯	A 系电源	常绿
	A 系运行指示灯	A 系运行	常绿
	通信控制器 A 电源指示灯	通信控制器 A 电源	常绿
	通信控制器 A 运行指示灯	通信控制器 A 运行	常绿
	A 系工作带指示灯按钮	A 系工作	与"B 系工作"任一常绿
	A 系恢复带指示灯按钮	A 系恢复	常灭
	通信控制器 A 恢复带指示灯按钮	通信控制器 A 恢复	常灭
	B 系电源指示灯	B 系电源	常绿
	B 系运行指示灯	B 系运行	常绿
	通信控制器 B 电源指示灯	通信控制器 B 电源	常绿
	通信控制器 B 运行指示灯	通信控制器 B 运行	常绿
	B 系工作带指示灯按钮	B 系工作	与"A 系工作"任一常绿
	B 系恢复带指示灯按钮	B 系恢复	常灭
	通信控制器 B 恢复带指示灯按钮	通信控制器 B 恢复	常灭

5. FTSM 插箱

FTSM 插箱由 2 个 FTSM 单元组成，每个 FTSM 单元负责控制 1 系内双机的运行和与另 1 个 FTSM 单元共同控制 2 个通信控制器。2 个 FTSM 单元相互作用来维持整个"2

乘 2 取 2"结构的正常运行。2 个 FTSM 单元之间的互锁/自锁逻辑完成"主""备"转换，所以只要有 1 个"2 取 2"通道处于"正常"模式，2 个 FTSM 单元之间的互锁/自锁逻辑就可以"判决"出"主"通道。

每个 FTSM 包括：安全电源板、输入输出板、通信板、逻辑板 4 个电源板，如图 3-21 所示。

安全电源板的主要作用是为 FTSM 提供安全电源；输入输出板的主要作用是为控制 FTSM 的的输入输出；通信板主要完成 FTSM A 与"2 取 2"A 系之间、FTSM B 与"2 取 2"B 系之间软件流程特征码和模式控制码等信息之间的转换，同时完成 FPGA 运行状态数据通过以太网内网向安全计算机平台发送的功能；逻辑板主要监控主机、通信板、通信控制器软件是否正常运行，监控主机每周期中各个步骤是否正确。

图 3-21 FTSM 插箱

FTSM 插箱指示灯含义见表 3-3。

表 3-3 FTSM 插箱指示灯含义

电路板	指示灯位置	指示灯含义	正常状态
安全电源板	IN12V	电源指示	常亮
	12VS1	第一路关断 12V 输出	逻辑板正常工作后点亮
	12V	12V 输出	常亮
	12VS2	第二路关断 12V 输出	上电点亮后待 12VS1 点亮后熄灭
	5V	5V 输出	常亮
	S12V	隔离 12V 输出	常亮

续表

电路板	指示灯位置	指示灯含义	正常状态
通信板	GNET1	接收1机数据	接收到数据闪烁
	GNET2	接收2机数据	接收到数据闪烁
	PNET1	不使用	常灭
	PNET2	不使用	常灭
	DYN	动态信号	0.1 s 闪烁
	5V	5V 电源	常亮
逻辑板	DYNPWRA1	1路电源控制 A1	常亮
	DYNPWRB1	2路电源控制 B1	常亮
	DYNPWRA2	1路电源控制 A2	常亮
	DYNPWRB2	2路电源控制 B2	常亮

6. 维护机

维护机作为 ZC 的数据记录单元，其相当于一台电脑，对 ZC 内部与外部传输数据进行记录，如图 3-22 所示。同时，维护机还配备了 ZCM 软件，可以通过此软件记录 ZC 的运行状态、运行数据，还可以通过 ZCM 软件进行 ZC 平台软件的升级。

维护机可以记录 ZC 在一个月时间段内的运行数据，过期数据自动清理，拷取 ZC 存储数据操作很简单，只需将专用数据优盘（进行数据拷取前务必完成杀毒操作）插入维护机 USB 接口，再选取相应数据拷取即可。

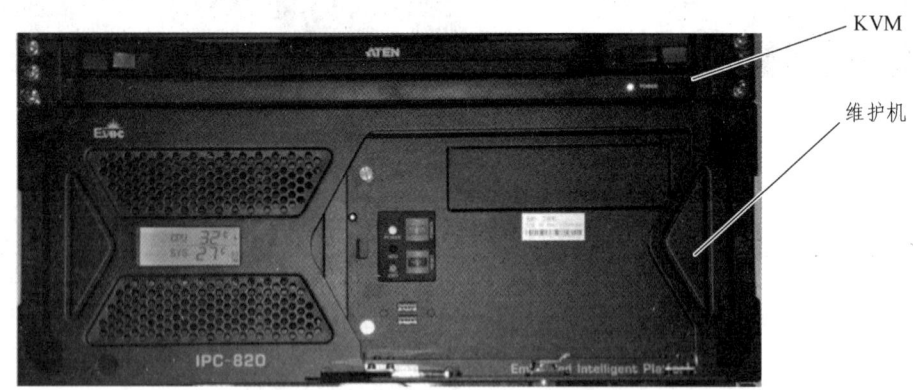

图 3-22 维护机

7. 通信控制器

通信控制器 A、通信控制器 B 配置完全一样，采用完全相同的工控机，通信控制器 A、B 主要完成应用数据在内网与外网之间的相互传递，其软件基于 VxWorks 操作系统，两机软件完全一致，称为通信控制器软件。

8. 处理单元

基于 VxWorks 操作系统的安全计算机平台软件运行在处理单元 1、2、3、4 中，称为主机软件。其中主机 1、3 中的软件相同，主机 2、4 中的软件相同，主机 1、2 为 A 系，主机 3、4 为 B 系。

在安全计算机平台中，主机软件与容错和安全管理单元（FTSM）通信板中的 FPGA 相互配合实现 SCP 的"2 乘 2 取 2"的安全特性。

典型工作任务 3 ATP/ATO 系统功能

【工作任务】

1. 了解交控科技 LCF-300 型 ATP/ATO 系统的功能。
2. 了解确定轨道占用信息的原理。
3. 了解列车定位、超速防护等工作原理。

【知识准备】

LCF-300 型 ATP/ATO 系统的 ATP 子系统是基于列车高精度的自主测速定位和车-地双向大容量无线通信的系统，能根据线路状态、道岔位置、前行列车位置等条件，确保追踪列车之间的安全行车间隔距离，实现移动闭塞的列车追踪，防止列车超速和撞车，实现列车运行的安全防护。

一、功能概述

ATP 子系统的安全功能设计符合"故障-安全"原则，ATP 子系统除可保证行车安全外，还同时具备保护和辅助乘客、辅助列车运行、辅助驾驶、为其他子系统和用户提供技术支持等功能，其中既有安全功能，也有非安全功能。

根据 IEEE-1474 及欧洲相关标准，LCF-300 型 ATP/ATO 系统的 ATP 子系统主要功能及实现这些功能的子系统组合如表 3-4 所示。

表 3-4 ATP 子系统功能列表

功　能	车载 ATP	ZC	DSU	计轴	应答器	LEU	安全功能
确定轨道占用信息		√					√
列车追踪间隔控制		√		√	√	√	√
生成信号机强制命令		√					√

续表

功能	车载ATP	ZC	DSU	计轴	应答器	LEU	安全功能
列车自主测速定位	√				√		√
列车轮径校正功能	√				√		√
驾驶模式和运行级别管理	√				√	√	√
列车追踪速度曲线计算	√						√
列车超速防护	√						√
退行防护	√						√
故障处理	√	√	√	√		√	√
列车完整性监督	√						√
管理临时限速	√	√	√				√
管理数据版本	√	√	√		√		
管理列车车门	√						
管理站台屏蔽门	√	√			√	√	√
防护列车安全停靠站	√						√
授权驶离站台	√	√			√	√	
管理站台紧急停车按钮	√				√		
设备上电自检	√	√	√				√
设备自诊断	√	√	√	√	√	√	
车载设备日检	√						√
向司机显示详细驾驶信息	√						
子系统之间通信状态监测	√	√	√	√	√		√
列车自动启动	√						
管理跳停	√						
管理扣车	√	√					
管理列车折返	√	√			√	√	√
时钟同步	√	√	√				
数据记录	√	√	√			√	
系统故障报警	√	√	√	√	√	√	
其他功能							

表 3-4 中，各系统"√"表示此系统参与所述功能的实现，安全功能中的"√"表示此功能为安全相关功能，并且这些安全功能达到了相应的 SIL 等级要求。

二、ATP/ATO 系统功能

1. 确定轨道占用信息

确定轨道占用信息是根据不同模式下获知的线路区段占用/空闲信息，结合列车的位置信息，对信号系统的线路占用状况进行整体描述。

1）主用模式

（1）安全位置计算。

在主用模式（即 CBTC 级别）下确定轨道占用按照类型划分为确定列车安全位置及确定轨道占用情况两部分。

在 CBTC 级别下，车载 ATP 设备连续地向 ZC 汇报列车位置，列车汇报的位置是列车最可能的实际位置，地面 ATP 根据列车汇报的位置信息，结合列车的当前速度、测距误差及通信延时等因素，为 CBTC 列车添加一定的安全包络，以确定列车的安全位置，如图 3-23 所示。

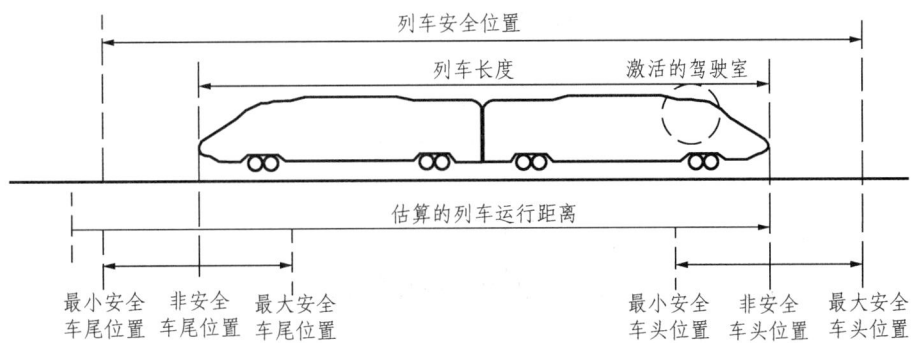

图 3-23 安全位置计算

列车的安全位置包括最大安全前端位置及最小安全后端位置，最小安全后端位置及最大安全前端位置包含了整个列车的长度，列车的前进方向决定了列车长度将向哪个方向延伸及列车的首、尾端位置。

ZC 根据 CBTC 列车汇报的位置计算列车的安全位置，需要考虑如下系统参数：

> 测距误差。
> 位置汇报的生存周期。
> 列车的最大速度。
> 列车的加速度。
> 退行距离。

安全车头位置，考虑如下的因素：

> 列车汇报的测距据误差 D。
> 列车位置汇报信息的生存周期时间 t，列车在汇报的当前速度 v_0 和系统中列车的最大加速度信息 a 下，列车可能的最大前行距离 S。

$$S = v_0 t + \frac{1}{2}at^2$$

沿列车的运行方向，将列车汇报车头位置向前延伸列车车头的安全包络（$D+S$），新的位置即为列车车头的安全位置。

安全车尾位置，考虑如下的因素：
➤ 列车汇报的测距误差 D。
➤ 系统中列车的最大退行距离 S。

沿列车的运行方向的反方向，将列车汇报车尾位置向后延伸列车车尾的安全包络（$D+S$），新的位置即为列车车尾的安全位置。

（2）次级轨道占用检测设备。

在主用 CBTC 模式下，在通过车-地通信获知列车的位置信息的同时，CBTC 信号系统配置计轴作为次级列车占用检测设备。利用次级列车占用检测设备，可连续地对线路的占用/空闲进行安全可靠的检测。如图 3-24 所示，ZC 根据次级轨道占用检测设备汇报区段的占用/空闲信息，结合列车汇报的位置信息，确定在 CBTC 级别下的线路占用/空闲情况，实现对线路上运行的 CBTC 列车的定位。

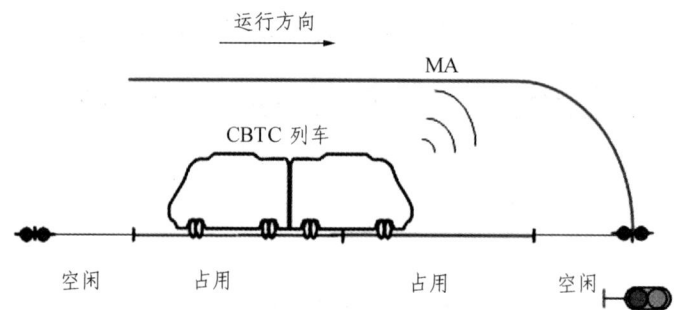

图 3-24　ZC 利用计轴设备完成 CBTC 列车定位

（3）确定区段状态。

在 CBTC 系统中，以逻辑区段作为轨道的最小划分单位，将计轴区段划分为若干逻辑区段，并基于相互连接的逻辑区段实现轨道线路的描述，ZC 将列车定位等相应的信息以逻辑区段占用/空闲状态的形式发送给联锁，辅助联锁完成线路上列车定位。

轨道状态根据逻辑区段线路上运行列车级别的不同可以划分为以下几种：
➤ CBTC 列车占用。
➤ 非 CBTC 列车占用。
➤ 空闲。

在判断逻辑区段状态的情况下，ZC 还能够结合线路情况和 CBTC 列车运行情况综合判断区段故障（ARB，Always Report Block），当一列 CBTC 列车完整运行出清一个区段后，ZC 确定此时区段内无列车占用，但区段在一定时间后仍然汇报占用状态，此时将判定区段状态故障，具体如图 3-25 所示。

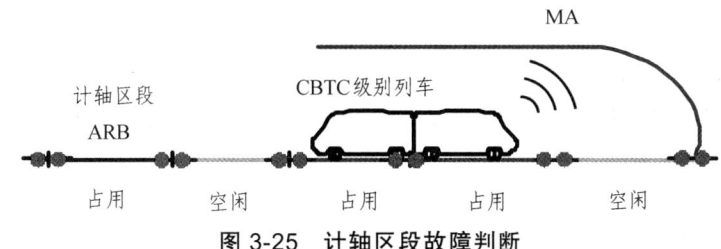

图 3-25 计轴区段故障判断

2）后备模式

后备 ITC 模式下地面 ATP 设备无法通过列车的位置汇报获知列车的具体位置，只能通过次级轨道占用检测设备，以区段的方式实现线路上列车的位置定位。

区段状态将通过次级轨道占用检测设备采集的占用/空闲状态确定，在车-地通信设备故障或 ZC 故障无法投入使用的情况下能够连续地对线路的占用/空闲进行安全可靠的检测。

2. 列车追踪间隔控制

列车追踪间隔控制就是后续列车与前行列车保证一定的安全距离，保证后车能够每时每刻接收到一个移动授权，移动授权是指从列车的车尾起到前方障碍物的这部分线路。移动授权终点可能是另一列车的移动授权起点、信号机、关闭的线路区域或道岔、站台等。MA 将考虑特殊障碍物的相关特性，例如列车倒溜容限。移动授权的含义如图 3-26 所示。

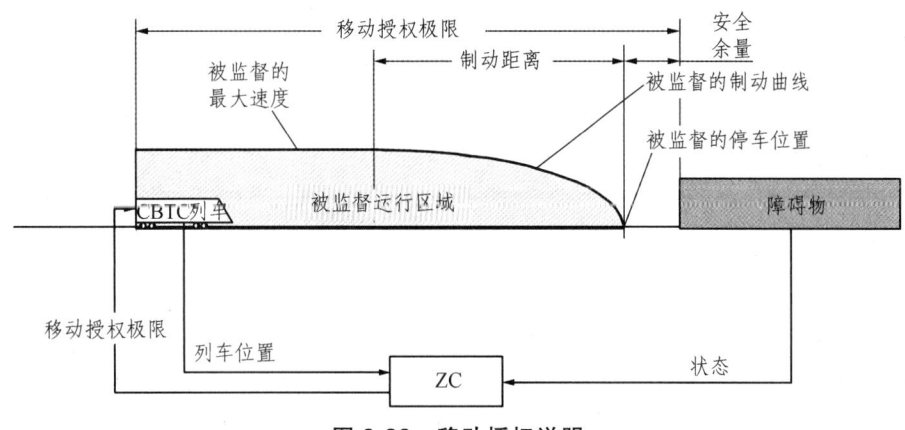

图 3-26 移动授权说明

移动授权是从列车当前位置开始并且从列车行驶方向延伸至最近的道岔区或其他障碍物。移动授权既可以避免干扰列车的正常运行，也可保证列车运行的安全。

在计算移动授权时需考虑的因素为：
➢ 信号机的允许/禁止状态。
➢ 道岔位置是否在进路规定的位置。
➢ 站台区域是否有车占用。

➢ 非 CBTC 列车占用的计轴区段。
➢ 前方 CBTC 列车安全车尾位置。

当移动授权探测到系统状态（如列车运动、占用、线路关闭区域、道岔动作）的改变后，ZC 设备会生成更新后的移动授权，并发送给列车，列车基于新接收到的有效移动授权计算曲线，控制列车运行，保证列车运行的安全。

在 CBTC 系统中，移动闭塞系统不再依靠地面计轴或轨道电路设备识别轨道占用，而是通过车地通信系统获取实时列车位置信息，实现列车安全定位从而检测轨道占用，ZC 根据前方线路状况及轨道占用情况，实时生成移动授权（MA）并发送给相应列车。多列 CBTC 列车同时接受 ZC 控制，当列车运行距离满足追踪条件后，ZC 允许将后车的移动授权设置为前车的安全车尾位置并考虑一定的安全余量，如图 3-27 所示。

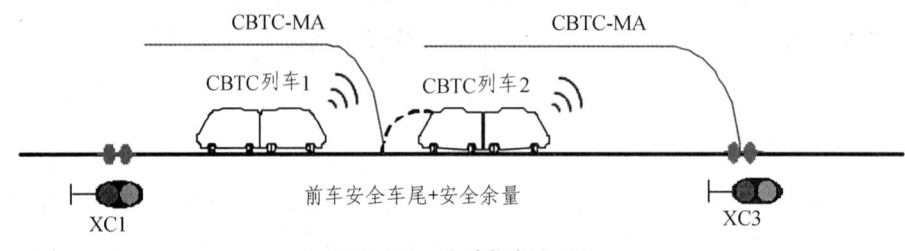

图 3-27 移动授权位置

而车载 ATP 设备则依据列车安全控制模型，根据列车动态特性参数、线路参数及实时速度和位置等实时动态信息，实时获得列车当前最大允许速度，实时监控列车运行，从而保证列车安全、高效运行。移动闭塞原理如图 3-28 所示。

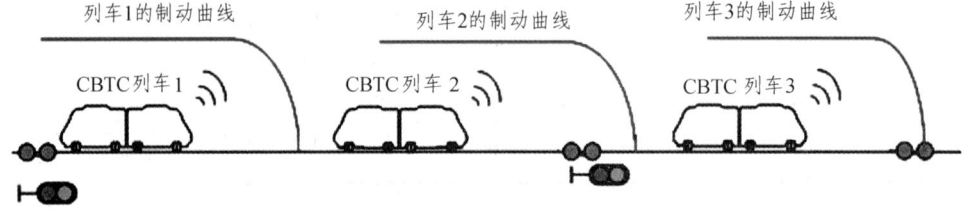

图 3-28 移动闭塞原理图

在传统的信号系统中，对列车的控制通过轨道电路发码至机车信号实现。LCF-300 型 ATP/ATO 为核心的 CBTC 信号系统中，通过地面 ATP 设备向车载 ATP 设备发送移动授权控制列车运行，点式级别下，LEU 完成移动授权的计算，通过有源应答器和应答器环线发送至车载 ATP；CBTC 级别下，ZC 计算 MA，通过无线发送至车载 ATP。

1）主用模式

在主用模式下，本项目的 CBTC 系统采用移动闭塞原理来控制列车间隔。当前列车与前行列车的安全距离是基于当前列车的即时速度、速度测量的最大误差、列车位置的不确定性（误差）、最坏情况下列车的紧急制动能力、障碍类型等动态计算的结果。

CBTC 系统确保列车间具有适当的距离，以保证列车始终能够在地面 ATP 提供的移动授权（MA）范围内停下来。

车载 ATP 周期性地确定本列车的位置，并且向 ZC 发送位置信息以及列车行驶方向。ZC 基于周边及本控制区域内线路的当前状态、列车当前位置、行驶方向以及进路等为其辖区内的每列列车确定 MA。

移动授权终点是指列车在任何情况下都不能越过的目标点。在 CBTC 控制级别下，ZC 根据联锁设备提供的线路设备状态信息、区段状态信息、道岔状态信息等确定相应列车的运行方向和列车的运行权限，并保证前行列车和追踪列车间的安全间隔，满足设计行车间隔和折返间隔要求，连续地通过地-车通信向车载设备传送列车运行权限信息，以供车载设备确定列车运行的最大安全速度，提供列车间隔保护及超速防护能力，在列车超速时提供最大常用制动或紧急制动，保证列车运行的安全。根据列车不同的运行情况，ZC 将会结合收到的信息进行综合计算与判断，给出相应的移动授权。

（1）单列 CBTC 车的移动授权计算。

CBTC 下的通信列车接受 ZC 控制，此时列车车载设备将根据接收到的 CBTC 级别的移动授权运行，地面区域控制器 ZC 设备根据列车汇报的位置信息及测距误差等信息计算生成列车安全位置信息，并结合联锁当前已排进路信息，根据进路的信息及进路内障碍物情况，为列车计算生成移动授权（若存在临时限速，需要将临时限速包含在移动授权中提供给 CBTC 列车）。

（2）CBTC 列车追踪 CBTC 列车的移动授权计算。

在 CBTC 系统中，当存在多列 CBTC 通信列车同时接受 ZC 控制，当列车运行距离满足追踪条件后，ZC 会将后车的移动授权设置为前车的安全车尾位置并考虑足够的防护距离，在此情况下，实现了 CBTC 通信列车同另一辆 CBTC 通信列车的追踪运行。

（3）ZC 切换。

当列车按照移动授权正常运行到达当前受控 ZC 管辖边界时，为保证将列车的控制权无缝、自动地转换至下一个控制 ZC，ZC 与 ZC 间通过 ZC 切换的方式实现本控制权的交接。

ZC 与 ZC 之间发送如下的数据用于实现 ZC 切换：

- 信号机强制命令。
- 进路信息。
- 道岔信息。
- 切换列车的位置。
- 切换列车的模式。
- 切换列车的状态。
- 切换列车的移动授权等。

ZC 切换的流程：

① 当列车在受控 ZC（简称移交 ZC）内的移动授权已到达本 ZC 控制边界，移交 ZC 开始与相邻管辖区的 ZC（简称接管 ZC）进行信息交互。

② 由接管 ZC 根据自身管辖范围内的线路及进路情况，生成允许列车运行到相邻

ZC 管辖范围内的授权信息,并发送给移交 ZC。

③ 移交 ZC 根据接收到的接管 ZC 的移动授权信息,为列车生成混合的移动授权,授权列车运行进入接管 ZC。

④ 当列车越过 ZC 边界后将尝试与接管 ZC 建立控制关系。

⑤ 当列车完全越过 ZC 边界后,列车与运行出清的移交 ZC 解除控制关系。

⑥ 列车完成切换,将在接管 ZC 内按照控制 ZC 的移动授权运行。

ZC 只能授予列车在其辖区内活动的权限。当列车 MA 延伸到地面 ATP 边界(移交 ZC)时,ZC 会请求相邻的 ZC(接管 ZC)为该列车计算 MA。MA 越过 ZC 边界的示意图如图 3-29 所示。

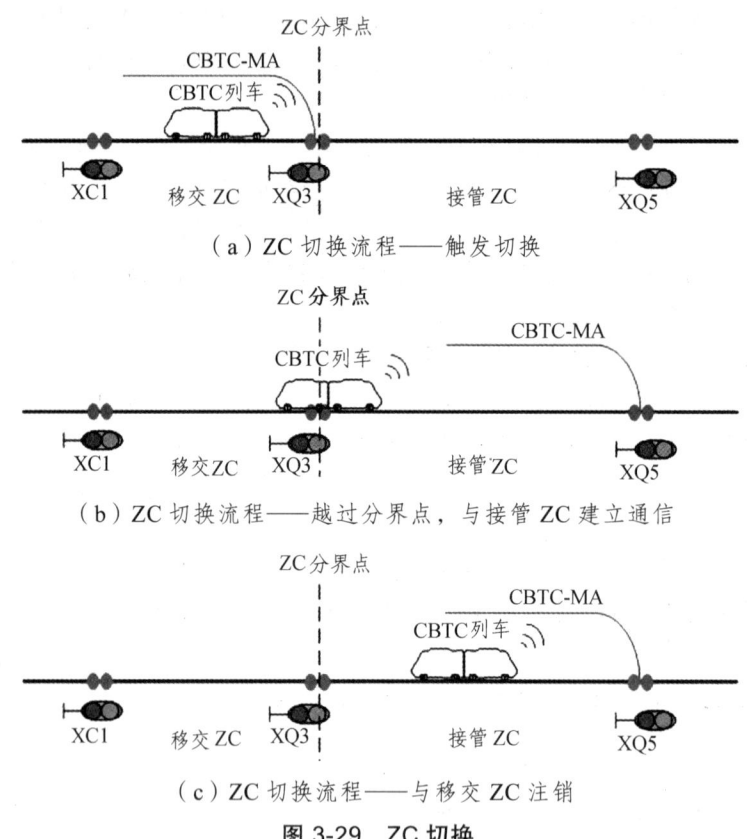

图 3-29 ZC 切换

(4)列车折返。

当 CBTC 通信列车运行到达线路设置的折返作业区域后,联锁为列车排列折返进路,CBTC 列车根据移动授权从到达站台驾驶进入折返线,在折返线完成车载控制端转换等过程后,换端后的列车控制端与 ZC 建立控制关系后,结合联锁办理的反向进路的情况,为 CBTC 通信列车计算生成移动授权,列车根据移动授权驶出折返线,进入发车股道。

(5)轨旁设备状态改变。

当 CBTC 通信列车在 ZC 管辖范围内正常运行时,若线路情况或者列车进路发生改变，ZC 可能将 CBTC 通信列车的移动授权回撤以保证列车安全，需要考虑的轨旁设备包括但不限于道岔、屏蔽门、紧急停车按钮等。

（6）不同级别列车的共线混跑。

在本项目中，ATP 子系统支持不同级别的列车在线路上同时共线混跑，ZC 将根据线路上运行的列车情况为 CBTC 列车生成移动授权，保证线路上的 CBTC 列车运行的安全和稳定。

当某一列车的车地通信设备故障或车载 ATP 设备故障时，ZC 识别出故障列车，此时需要根据情况对故障列车以及故障列车后方的 CBTC 列车进行移动授权更新，如果 ZC 判断列车继续运行不安全，会通知列车立即紧急制动，否则按照 CBTC 列车追踪非 CBTC 列车的控制方式进行移动授权计算，从而实现不同级别列车的共线混跑。

2）后备模式

本项目中，默认主用模式为基于通信的 CBTC 控制模式，设置的两种后备模式为点式级别控制模式与联锁级别控制模式。

（1）点式级别控制模式。

点式级别控制模式在连续式通信设备故障或 ZC 子系统故障的情况下，以地面信号机为行车凭证，实现进路闭塞，系统通过有源应答器和环线应答器传输点式 MA，从而实现列车追踪间隔控制。

系统在点式级别控制模式下，接收布置在轨旁的有源应答器发送的报文获得点式移动授权。在点式控制模式下，可由联锁设备实现进路的自动或人工设置。

在点式级别控制模式下，系统对列车运行速度-距离曲线控制方式与 CBTC 模式下的控制方式一致。

在点式级别控制模式下，列车的追踪间隔以进路为单位进行控制，由联锁按照固定闭塞进行进路处理，保证在一条进路内同一时间只有一列车。

（2）联锁级别控制模式。

联锁级别控制模式是指在车载或 ZC、DSU 子系统故障的情况下，以地面信号机为行车凭证，实现进路闭塞，满足行车要求的联锁控制功能，它适用于列车以 RM 和 EUM 驾驶模式进行，司机根据地面信号机的显示行车，由联锁设备实现进路的人工设置。

在联锁级别控制模式下，所有列车进路的保护区段均固定设置。在后续进路与保护区段的道岔位置不一致或者后续进路有多条可能的情况下，一种方法是先排组合进路的后续进路，再排组合进路的前行进路，不能采用人工解锁保护区段的方法；另一种方法是由联锁系统根据不同的后续进路产生不同的保护区段。

3. 生成信号机强制命令

在 CBTC 控制级别下时，ZC 通过对管辖范围内对应的顺向信号机进行动态运算，周期性生成对应的信号机强制命令，并将信号机强制命令发送给联锁，由联锁驱动信号机的亮/灭。在 CBTC 级别下，信号机的亮灭变化由地面 ATP 动态计算，联锁实时控制。

在 CBTC 级别下，默认所有正线顺向信号机常态为灭灯显示，在非 CBTC 方式下所有正线信号机主信号亮灯显示。ZC 通过信号机强制命令指导联锁控制信号的亮/灭状态，信号机强制命令包括：

➤ 强制灭灯命令。
➤ 强制亮灯命令。

ZC 根据线路上的列车运行情况，为信号机生成强制命令的原则为：

（1）当点灯区段范围内的第一列列车是 CBTC 列车时，ZC 根据列车位置信息以及轨道状态信息为室外信号机生成强制灭灯命令。

（2）当点灯区段范围内的第一列列车是非 CBTC 列车时，为室外信号机生成强制亮灯命令。

（3）若通过检查确定，信号机对应的点灯区段范围内不存在 CBTC 列车或非 CBTC 列车时，为室外信号机生成强制灭灯命令。

在 ZC 故障或 ZC 与联锁通信故障的情况下，ZC 无法生成对应的信号机强制命令或联锁无法接收到来自 ZC 的信号机强制命令，在此情况下室外信号机将默认亮灯显示。

4. 列车自主测速定位

列车速度和距离的精确测量是所有与速度有关的安全功能以及列车定位的先决条件。高精度的列车自主测速定位是保证列车安全运行、准确控制的基础，CBTC 系统能为每个在 CBTC 区域运行的列车设置位置、速度和运行方向信息，并能弥补列车定位和速度测定时的测量不准确带来的影响，目前应用比较普遍的列车定位系统是采用列车自身定位和地面信标校正相融合的技术。

5. 列车测速测距

LCF-300 型 ATP/ATO 系统 ATP 子系统通过安装在列车上的两套速度传感器和多普勒雷达来测量列车的速度和走行距离，通过对两个速度传感器和一个雷达的输出进行相互校验和融合来实现列车的测速测距，通过里程计和电子地图可实现列车的持续定位。通过地面固定位置设置的应答器对列车位置进行绝对校正，从而实现列车的准确定位。

两端车载设备之间可分别实现独立的测速测距功能。

ATP 子系统支持的列车测速范围为 0～100 km/h、显示精度为 ±1.0 km/h、线性精度为 ±0.5 km/h。

在 AM，CM，RM 驾驶模式下，当无法检测到速度时，系统向司机报警并实施紧急制动停车。

列车的头尾两端分别安装 2 个 DEUTA 公司的 DF16 速度传感器，速度传感器提供速度脉冲信息，经处理后由 ATP 子系统进行速度、方向和走行距离的计量，其中一个传感器故障不影响系统的正常工作。DF16 是光电式速度传感器，通过扫描光栅内、外轨道，传感器可输出两种不同脉冲数的方波信号，内轨道每转 80 个脉冲，外轨道每转 200 个脉冲，输出可以是不同脉冲数的各种组合，各通道间彼此隔离，且带有极性保护、输出短路保护。

系统通过速度传感器测量车轮转动的角速度，结合系统中存储的列车轮径值，可以换算得出列车的线速度，如果 T 是车载 ATP 设备获得 N 个脉冲的时间，D 是车轮直径，可以得到列车速度

$$\text{TrainSpeed} = \frac{1}{T} \times \frac{N}{100} \times \pi D$$

为了保证速度传感器测速测距的准确性，必须保证系统所使用的轮径值是精确的，因此在出入段处布置精确测量的固定应答器对系统使用的轮径值进行自动校正，防止车轮磨损带来的测速测距误差。

速度传感器可以精确测量列车车轮的转速，但是当线路黏着系数较差时或其他特殊情况下，车轮的转动（角速度）可能与列车实际的运行速度（线速度）不一致，即车轮可能存在空转或滑行的情况。为了能够对列车的速度和位置进行精确测量，防止列车空转打滑的影响，在列车的头尾两端分别安装了一个雷达传感器，采用 DEUTA 公司的 DRS05a 雷达。雷达传感器通过天线发送和接收电磁波，然后通过处理两者的频率得出列车的运行速度，并能够判断方向和计算里程，与轮轴的转动没有直接关系。

雷达传感器由于安装角度的偏差，其所测得的列车速度与列车沿线路前进方向的速度并不完全一致，必须根据安装角度的误差测量得到雷达校正系数，并用于实际的测速测距算法中。

系统通过对两个速度传感器（每个传感器有两路脉冲）和一个雷达的输出信息进行融合来实现列车的测速测距，可有效避免车轮空转或打滑带来的影响，并使用线路固定位置安装的应答器对列车位置进行校正，可满足列车停车精度的要求。单个速度传感器故障不影响系统的正常工作。

使用速度传感器和雷达传感器融合算法进行测速测距的原理图如图 3-30 所示。

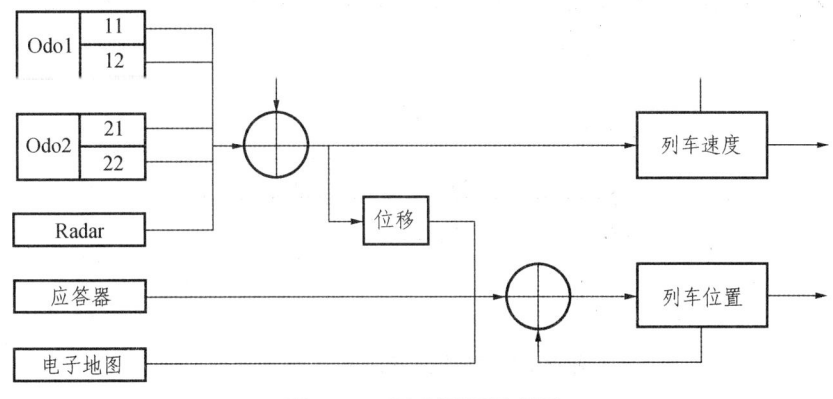

图 3-30 测速测距原理图

6. 零速检测

ATP 子系统具有零速检测功能，即列车的速度持续低于设定的零速门限值（ZERO_SPEED_THRESHOLD）达到一定时间（ZERO_SPEED_TIME）则认为是零速度，作为车

门控制安全功能的依据。

ZERO_SPEED_THRESHOLD = 0.5 km/h

ZERO_SPEED_TIME = 1 s

零速检测的门限值和判定时间值可配置，并且是唯一的。

7. 列车自主定位

作为LCF-300型ATP/ATO为核心的CBTC信号系统的安全控制基础，线路的网络参数和特点是其控制和管理的基础，CBTC系统的各子系统必须知道列车的位置信息才能对列车实现准确和安全控制，而CBTC系统的列车位置信息由列车定位完成，列车报告的位置信息必须能在线路网络中准确对应，这就需要对线路网络数据和特点进行科学、准确描述，便于查询并保证数据的唯一性。

1）线路网络模型

在LCF-300型ATP/ATO为核心的CBTC信号系统中的车载ATP、ZC、DSU各子系统数据中，均使用完全一致的线路网络模型，在此模型中，线路网络的各目标点都有固定的特征（线路长度、坡度、线路限速等）以及一些动态特征（如轨旁信号机显示、道岔位置等）。CBTC系统将依据这些特定特征和动态状态来完成CBTC的整体功能，模型的固定特征被称为CBTC的线路静态数据，这些特征将通过后面描述的线路区段来确定。

在线路网络描述模型中，将基于相连接的线路区段来描述。对于一个线路区段，可以认为它是线性的，由以下一些参数来确定：

➢ 线路区段的起始点。

➢ 线路区段的正常方向。

➢ 线路区段的长度。

列车的任何位置和任何障碍物可使用线路区段编号和偏移量（距离线路区段起始点的距离）来确定，如图3-31所示。

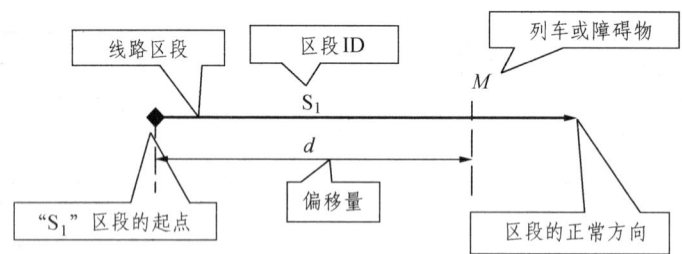

图3-31 线路区段的基本概念

2）列车初始定位

列车位置信息包括车头和车尾的位置和方向，系统在表示列车的位置时包含列车的实际长度信息。对于每个投入运营的车载ATP设备来说，列车定位包括两个过程，一是列车定位"初始化"阶段，另一个是列车运行过程中列车位置信息的更新阶段。

在车载 ATP 设备完成初始化后，ATP 子系统启动列车的初始定位。列车的初始位置获得有两种途径：一是列车在 RM 模式下经过两个连续的应答器；二是列车自动折返换端时尾端获得换端后的初始位置。

当列车经过一个应答器，它会接收到一个用于应答器识别的应答器报文。根据应答器的识别号，车载 ATP 设备可以利用车载数据里的静态线路信息对应答器进行定位。为保证列车定位的精度，列车初始定位时所经过的两个连续应答器，第二个应答器不能是环线，但第一个应答器可以是任何类型的应答器。

列车出列检库时，通过连续布置的两个应答器即可完成列车的初始定位。

在列车折返换端时，通过两端设备之间的双向通信，可以将列车换端前的位置保持到换端之后继续使用，从而使列车不因正常的折返操作而降级，提高系统的可用性和折返效率。

3）列车持续位置更新和位置校正

在 AM、CM、RM 模式时，车载 ATP 设备具备列车定位功能。系统每周期测定计算列车走行距离，在列车初始位置的基础上通过对距离的累加，结合电子地图实现列车的持续定位，并利用线路上的应答器对列车位置进行校准，以实现列车的精确定位，定位精度可精确至厘米级。经校正后的位置误差不大于 1 m，通过在线路上每隔一定距离布置的应答器可保证列车的定位误差不大于 2%，满足对列车控制精度的要求。

系统接收到应答器时将进行测量位置与真实位置的比较，当位置偏差在规定的误差范围内时，系统将根据应答器的真实位置对列车测量位置进行校正；但当误差不在规定的范围内时列车将失去定位。

系统驾驶模式处于 AM、CM 模式下时，若列车失去位置信息，系统将对列车实施紧急制动至停车，在 MMI 上显示位置未知信息，同时进行报警和故障记录。

8. 列车轮径校正

LCF-300 型 ATP/ATO 系统中的 ATP 子系统依靠安装在车轮上的速度传感器和雷达进行列车的自主测速测距，列车轮径的正确性极大地影响着系统测速测距的精度。车载设备将记录所使用的轮径值，在关闭电源后，重新启动时仍可使用所记录的轮径值。同时为保证轮径值的正确，系统在车辆段出入段线布置了两个固定应答器（轮径校正应答器）用于进行自动轮径校正，同时系统也支持人工轮径输入的方式对轮径进行修正。

1）自动轮径校正

为提高测速精度，系统提供自动轮径校正功能，用于列车车轮磨损或其他原因变化后获得列车最新的实际轮径值。

自动轮径校正功能通过精确布置在转换轨附近的两个连续应答器实现，距离在 20 m 左右，轮径补偿范围为 770～840 mm。列车在进入正线之前，或者退出运营回库时，可完成对列车轮径的自动校正。在正线区段，车载设备将使用布置在线路上的固定应答器不断校正自身位置，正线区段不布置轮径校正应答器。

轮径校正发生错误时，系统可在司机台上 MMI 提示错误信息并记录。

2）人工轮径校正

ATP 子系统提供人工轮径校正功能（人工输入新轮径值）。输入新轮径的精确度由输入人员保证，当输入的轮径值在补偿范围内时，系统使用输入的新轮径进行测速测距；当输入的轮径值不在规定的范围内时，系统拒绝使用此信息并进行记录报警。

当更换新车轮或者列车镟轮后，要求人工输入轮径值进行校正。

9. 驾驶模式和运行级别管理

列车运行状态由运行级别和驾驶模式共同决定。不同的控制级别和驾驶模式表示轨旁设备和车载 ATP 设备之间可能的操作关系。控制级别的含义主要与所使用的轨旁设备以及轨旁设备和车载子系统之间的通信原理有关。不同的驾驶模式主要与司机控制列车的方式和责任有关。因此，可达到的最大控制级别依赖于列车运行区域所确定的轨旁设备，以及车载设备的配置。

系统能管理列车的控制级别和驾驶模式，并能进行最高驾驶模式的预设。

10. 列车安全制动模型计算

车载 ATP 子系统通过速度距离曲线方式计算列车的限制速度，防护列车间隔，保证列车的安全高效运行。

安全制动模型描述了车载 ATP 如何计算紧急制动曲线、紧急制动触发曲线和牵引切断曲线。紧急制动曲线考虑了列车保证的紧急制动减速度、轨旁 ZC 计算的当前防护点、最具限制的速度曲线和线路的坡度断面。

根据紧急制动曲线可以计算紧急制动触发曲线，该曲线考虑了紧急制动触发后的切断牵引、紧急制动有效以及车载 ATP 设备的反应时间的延迟。在车载 ATP 计算机单元里，连续地监控紧急制动触发曲线。该安全制动模型保证列车不会超过最具限制的速度，且列车将在防护点的前方停车。

在不影响列车正常运营的基础上，当列车速度即将达到紧急制动触发速度前，系统将提前切断列车牵引，避免列车持续加速，减少列车超速紧急制动的次数。

使用的安全制动模型如图 3-32 所示。

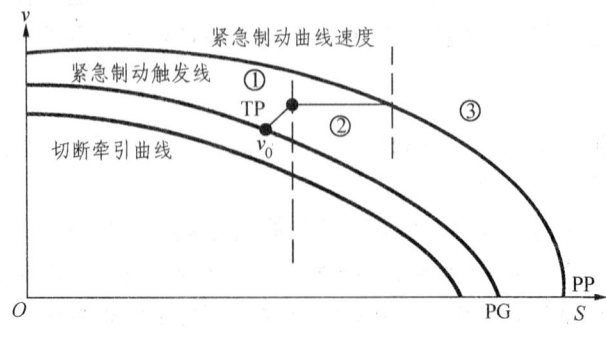

图 3-32　安全制动模型

模型中，列车紧急制动的过程被分为 3 个阶段：

第一阶段，列车继续加速。紧急制动前系统有车载反应和车辆牵引切断的时间延迟。

第二阶段，牵引已切断，但紧急制动力尚未达到标称值，列车在紧急制动建立等效时间内惰行。

第三阶段，列车实施紧急制动，平坦轨道上遵循速度-距离抛物线。

依据安全制动模型计算列车限制速度，至少考虑下列因素：

➢ 列车定位的不准确性。
➢ 列车长度。
➢ 系统运行的许可速度限制。
➢ 测量速度误差。
➢ 系统检测到超速的情况下，列车可能的最大加速度。
➢ 系统紧急制动最小减速度：系统保证在最坏情况下实施最小减速度的紧急制动。
➢ 最坏情况的列车反应时间。
➢ 线路坡度加速度。
➢ 列车旋转质量系数。

车载 ATP 子系统对线路限速、车辆限速、驾驶模式限速、临时限速等进行连续监控，保证列车速度不超过线路、道岔、车辆等规定的允许速度，防止列车超速运行。当因司机疏忽等原因导致超速时列车实施紧急制动，保证列车在相应的保护区段内停车。

11. 列车超速防护

列车超速防护的任务是安全检测司机或 ATO 子系统的当前允许速度符合列车前方的安全限制，否则触发列车的常用制动或紧急制动。在任何情况和时间下，列车服从以下两种安全限制：

➢ 零速度限制的防护点。
➢ 最具限制的速度曲线。

限制点代表了绝对不允许越过的位置。如果前行通信列车定义了一个防护点，则前行列车的位置不确定性因素和后退界限必须考虑在内。

车载 ATP 限制列车在指定的 MA 范围内安全运行，保证列车速度不超过最具限制的速度曲线范围，也不越过 MA 终点的限制，否则将实施紧急制动阻止列车继续运行。

车载 ATP 防护列车的运行方向，当列车的运行方向与 MA 防护的方向不一致时，将输出紧急制动，禁止列车运行。

如果列车越过红灯信号机，车载 ATP 将接收到 ZC 或应答器的红灯 MA 报文（CBTC 或 ITC 级别下使用不同的通信通道），列车将实施紧急制动至停车。系统设计时将考虑足够的保护区域，保证列车的安全。

在 CM 模式下人工驾驶时，驾驶室显示器还会向司机显示推荐速度指导司机行车。当列车运行速度接近 ATP 推荐速度时，车载设备产生声光报警，提醒司机进行列车制动减速；如果列车未按要求进行减速导致车速达到切断牵引曲线，车载 ATP 将切断列车牵引，若速度继续增大至达到 ATP 紧急制动触发曲线速度时，实施紧急制动，在列车停稳前不能缓解。

12. 退行防护

车载 ATP 子系统监督实际列车运行方向，比较检测的运行方向和建立/命令的运行方向；在列车发生退行时，ATP 子系统监督列车的退行速度和距离。

如果列车出现了与建立/命令的运行方向相反的位移，并累积超过了退行裕量，ATP 子系统将实施紧急制动。车载 ATP 子系统能够防护列车在最大坡道及任何负载情况下的退行，保证列车在最不利情况下的退行不超过系统允许的范围。

列车退行防护的相关标准如下：
- 列车退行速度超过 5 km/h 实施紧急制动。
- 列车最大退行次数为 3 次。
- 列车 3 次退行允许的最大距离分别为 2 m，2 m，1 m。
- 列车退行最大距离为 5 m，超过后车载 ATP 将一直实施紧急制动。

退行防护裕度是可配置的，在系统中唯一。

如果列车退行导致紧急制动，系统将向 ATS 报警并进行记录。

13. 故障处理

在发生地面/车载设备故障或车-地数据通信故障的情况下，系统能够保证列车继续安全地运行。一旦设备故障，可采用降级列车驾驶模式。为了保证安全，列车运行间隔将会增加。

1）ZC 设备故障情况下的列车运行

ZC 设备故障影响所有该区域内的列车运行。ZC 设备故障后，在此区域内运行的列车将按照后备级别运行，通过进路闭塞的方式实现列车的安全间隔。只有在 CBTC 系统确认列车驶出故障区域才将移动许可分配给后面的列车，允许后面的列车运行进入故障区域。

若 ZC 故障，则接近故障 ZC 区域的列车将不能够以 CBTC 级别运行进入该故障的地面 ATP，当运行到达管辖范围边界时，司机需转换驾驶选择模式至人工驾驶模式,然后以 RM 模式或以点式级别运行进入故障的 ZC 管辖范围。

2）车载 ATP 设备故障情况下的列车运行

（1）车载 ATP 主机故障。

如果车载 ATP 主机故障，车载 ATP 不能够再提供安全防护，列车将根据最严格的驾驶规程以切除模式运行或退出运营。

当列车车载 ATP 设备发生故障时，在同一计轴区段或相邻计轴区段内的后续第一列列车将紧急制动，并提示进行降级到 RM 模式，如图 3-33 所示。此时如果第二列列车后方仍有 CBTC 级别的通信列车，在第二列列车仍可持续与 ZC 通信并汇报自身位置及其他信息的情况下，第三列列车不受影响，仍可按照移动授权信息运行至 MA 终点。

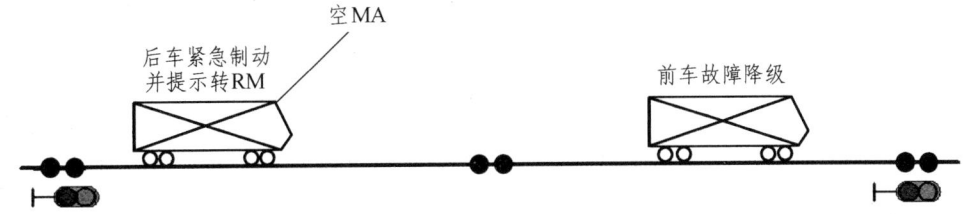

图 3-33　前车故障时后续第一辆提示降级

当两车在间隔一个计轴区段内，前车发生故障时，后车的移动授权将回撤。后续的 CBTC 级别通信列车均不受影响，如图 3-34 所示。

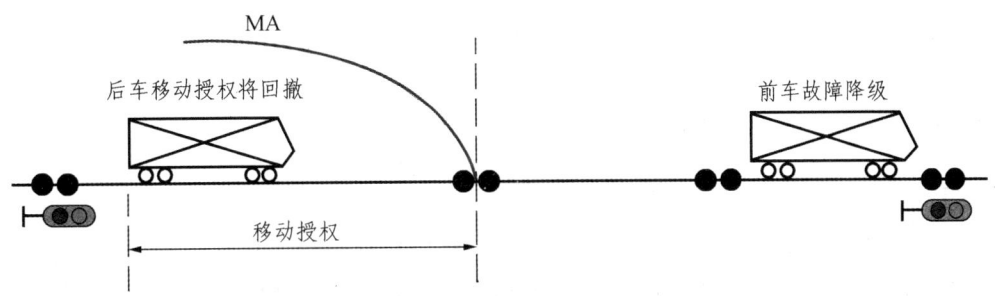

图 3-34　间隔计轴时后续列车 MA 回撤

对于线路上运行的非 CBTC 级别列车，在获得自身位置信息并于区域控制器建立通信后，ZC 将对列车进行筛选，在确认列车前方及后方没有可能影响列车安全运行的隐藏列车或其他因素后，ZC 将为列车计算移动授权，列车可升级至 CBTC 级别运行，如图 3-35 所示。线路最小车长指的是线路上能够运行的工程车最小长度。

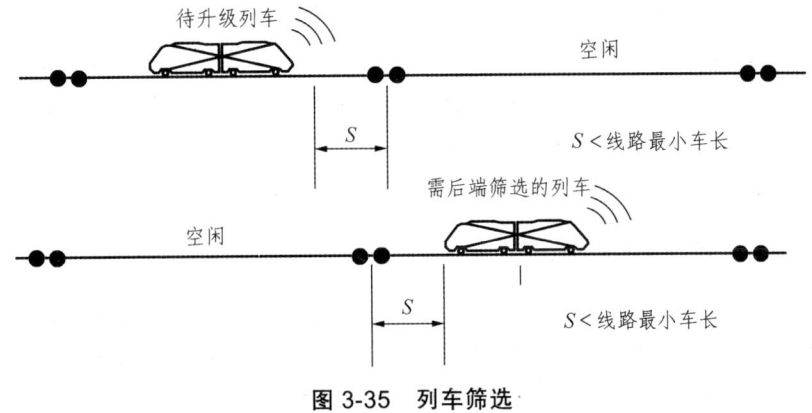

图 3-35　列车筛选

（2）车载 ATO 设备故障。

车载 ATP 监督其与 ATO 设备的通信状态。当列车在 AM 模式下时，如果车载 ATO 设备故障，车载 ATP 设备产生报警（MMI 显示 ATO 设备故障）并紧急制动停车，同时自动转换到 CM 模式；列车停车后司机可选择在 CM 模式运行，也可人工转换到 RM 或 EUM 模式运行。当 ATP 在 CM 模式下与 ATO 通信故障时，MMI 不再显示推荐速度信息，直至故障消除。

（3）车载 MMI 故障。

ATP 监督 MMI 的通信状态，当与 MMI 通信故障时，向记录系统发送 MMI 通信故障信息记录。MMI 在与 ATP 通信中断期间，保持黑屏显示状态，并提示"MMI 通信故障"信息，持续至通信恢复正常。

（4）车载通信单元故障。

如果车载通信单元故障，列车将紧急制动并转换为 RM 模式，可按照相关的列车驾驶规程以 RM 模式或点式级别运行。

（5）车载测速测距设备故障。

车载 ATP 可对速度传感器和雷达进行断路检查，断路时 ATP 判断速度传感器或雷达故障。当两个速度传感器均故障或雷达故障时，ATP 认为当前列车速度无效，列车紧急制动停车后，只能切换至 EUM 模式下运行。

14. 非 CBTC 区域内的正常列车驾驶模式

在本项目中，将未安装与车载 ATP 设备兼容的 ZC 设备的区域定义为非 CBTC 区域。当列车运行于非 CBTC 区域时，车载 ATP 设备也可执行其他 ATP 功能，例如限制列车速度，提供零速检测等。

15. 列车运行于非 CBTC 区域中的故障模式

除非车载 ATP 故障，列车应运行于限制人工驾驶模式。如果车载 ATP 子系统故障，列车将根据严格的运营驾驶规程运行在非限制人工驾驶模式。

16. 系统设备间通信故障

CBTC 系统是一个冗余系统，因而单点故障不影响运营。即使发生了极端异常，如一个冗余的设备完全不能工作，系统仍能维持运营并快速恢复。值得指出的是当一个冗余设备或一个轨旁无线设备故障时，ATS 将收到一条报警信息，这样在第二个设备发生故障之前，在非高峰时间可以替换设备，因此第一次故障不会对运营产生任何影响。

17. 故障列车救援的列车运行

在本项目中，当正线上运行列车故障时，系统允许后续列车以 RM 模式接近故障列车实施救援，车载 ATP 子系统对救援列车连挂故障列车的编组列车和后续追踪列车实施安全运营保护，对后续列车通过保证安全间隔保证运营安全。

18. 计轴设备故障

在 CBTC 级别下，ZC 能够结合 CI 发送的线路情况和 CBTC 列车发送的列车运行情况，判断计轴区段故障（ARB，Always Report Block），当一列 CBTC 列车完整运行出清一个区段后，ZC 确定此时区段内无列车占用，但区段在一定时间后仍然汇报占用状态，此时将判定区段状态故障。

ZC 能够对 CBTC 区域内的计轴进行 ARB 判断。ZC 最大程度判断的连续占用计轴数量不超过两个连续计轴。在 CBTC 级别下，后端无可疑列车的 CBTC 列车运行出清一个或者运行出清连续两个区段后，该区段（或连续的两个区段）内无车但依然汇报占用时，可判为 ARB 占用。包括该区段（或连续的两个区段）始端存在接近 CBTC 列车以及无车接近的情况。举例描述如下：

（1）如图 3-36 所示，如果 1 列 CBTC 列车在连续经过区段 A、B、C 后，区段 B 汇报占用状态，有如下几种判断 ARB 情况：

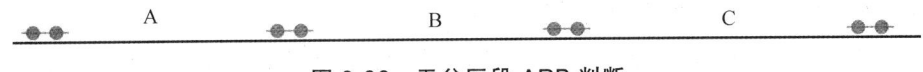

图 3-36 无岔区段 ARB 判断

① 区段 A、C 空闲，区段 B 汇报占用状态且无车，ZC 判断区段 B 为 ARB，在 ATS 上有相应的颜色显示。

② 区段 A 或者 C 有非 CBTC 列车占用，区段 B 汇报占用状态且无车，ZC 判断区段 B 为非 CBTC 列车占用，在 ATS 上有相应的颜色显示。

③ 区段 A 或者 C 有 CBTC 列车占用，区段 B 汇报占用状态且无车，ZC 在经过一定的延时后，若列车位置未进入区段 B，则判断区段 B 为 ARB；若列车的位置进入了区段 B，则 ZC 判断区段 B 为 CBTC 列车占用，在 ATS 上有相应的颜色显示。

（2）如图 3-37 所示，如果 1 列 CBTC 列车在经过某个道岔区段 B 后，道岔区段 B 汇报占用状态，根据道岔位置（直向、侧向、四开），分别判断 ARB：

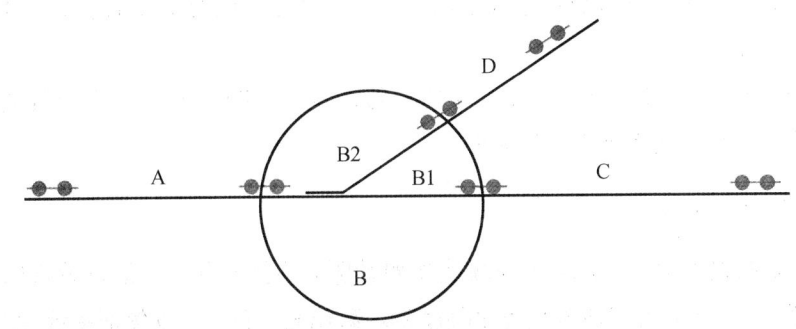

图 3-37 有岔区段 ARB 判断

① 当道岔位置为开通直向，则判断区段 A、B1、C，其判断方法与普通区段一样。在判断为 ARB 后，若道岔转动，则 ARB 消失。

② 当道岔位置为开通侧向，则判断区段 A、B2、D，其判断方法与普通区段一样。在判断为 ARB 后，若道岔转动，则 ARB 消失。

③ 当道岔位置为四开，则不能进行 ARB 判断。

ZC 判断计轴区段故障后，将此故障信息发送给联锁系统，以便联锁进行进路处理时，忽略此计轴区段汇报的占用信息。

计轴故障将不对 CBTC 列车的运行产生影响，对已判断 ARB 的计轴区段，ZC 为 CBTC 列车计算移动授权时，移动授权可越过计轴故障的区段。

19. 列车完整性监督

车载 ATP 子系统可持续监督列车完整性状态，并将列车的完整性状态在 MMI 上显示。系统完整性状态信息由车辆提供给车载 ATP 子系统，MMI 显示的列车完整性图标与当前从车辆实际采集到的完整性信息一致。

当车载 ATP 检测到列车完整性丢失，列车完整性检查电路中断时，ATP 子系统将对列车实施紧急制动，此紧急制动不可自动缓解，系统向 ATS 子系统报告故障信息并记录。

ZC 将为丢失完整性的列车建立保护区域，对后续追踪列车进行安全防护，保证后续列车的运行安全。

列车完整性丢失后，除非完整性恢复，否则只能切除运行或者等待救援。

20. 管理临时限速

ATP 子系统的 DSU 设备接收控制中心的命令，可实现临时限速的设置、存储和取消。

ATS 设置临时限速后，DSU 子系统可接收并存储临时限速信息，并下发至全线各 ZC。ZC 子系统为列车计算移动授权时，将对移动授权的区域进行检查，当该范围与中心设置的临时限速区域有重合时，将临时限速信息作为移动授权的一部分，发送至车载 ATP 设备。车载 ATP 设备接收到移动授权后，将同时考虑临时限速的影响，计算列车的"目标-距离"曲线。

ATP 子系统的 DSU 设备具有记忆保持功能，对于 ATP 主机重启前设置的临时限速命令，在系统重启后该命令仍保持有效。

21. 管理数据版本

在 CBTC 控制级别下，ATP 子系统需要对数据版本进行管理，通过策略保证车载设备与地面设备、地面设备与地面设备之间使用的数据是一致的，以保证系统运行的安全。

ZC 需与 DSU 进行数据版本号比较，比较确认数据版本号一致后，才允许对其管辖范围内的列车进行控制,并将数据版本号作为与列车交互信息发送,用于保证车地使用相同的数据等功能。

车载 ATP 子系统需确认其数据版本与其控制设备是一致的（CBTC 级别下与 ZC 子系统,点式级别下与应答器）,才允许列车在 ATP 模式下运行。

22. 管理列车车门

车载 ATP 具备对列车车门的监督和控制功能。

1）车门监督

系统对客室门进行监督,当系统采集到车辆系统提供的"车门关闭且锁闭"信号后,系统才可允许列车施加牵引。

系统可对驾驶室门进行监督,当系统采集到车辆系统提供的"车门关闭且锁闭"信号后,系统才可允许列车施加牵引。

列车静止状态下,如果车门（客室门和/或驾驶室门）失去"关闭且锁闭"状态,系统切断列车牵引,禁止列车的移动。

列车运行状态下,如果车门（客室门和/或驾驶室门）失去"关闭且锁闭"状态,系统切断列车牵引。

车载 ATP 设备重新采集到"车门关闭且锁闭信息"时,系统停止因此而输出的切断牵引命令。

2）车门控制

车载 ATP 设备通过车门使能信号控制对车门的操作。只有当车载 ATP 设备使能车门的打开时,才能通过人工或自动打开列车车门。

CM 或 AM 模式时,仅当列车在站台区域安全停稳,满足停车精度要求时（停在 ATP 停车窗或 ATO 停车窗内）,且保持制动已实施（或已实施紧急制动时）,ATP 才输出车门使能信息,允许人工或自动打开列车车门,开门侧需符合站台的位置和列车运行方向。

RM 模式下,车载 ATP 设备在列车零速,且保持制动已实施（或已实施紧急制动）时,允许人工打开两侧的车门。

允许人工或自动开关车门的 ATP 停车窗通常为 ±1 m,ATO 停车窗通常为 ±0.5 m。可根据要求进行配置。

系统提供以下 3 种门控制方式：
- ➢ MM（人工开门,人工关门）。
- ➢ AM（自动开门,人工关门）。
- ➢ AA（自动开门、自动关门）。

系统与车辆配合,提供车门控制旁路开关或相应按钮,用于紧急情况下的开关车门。

23. 管理站台屏蔽门

1）屏蔽门监督

车载 ATP 子系统可监督站台屏蔽门的状态，如果屏蔽门打开或失去状态表示，不允许列车进入或离开站台；对于已经位于站台内的列车，禁止其离开站台或在站台内移动。

CBTC 级别下，站台屏蔽门的状态由 ZC 通过无线网络发送给车载 ATP，车载 ATP 持续监督站台屏蔽门的状态。如果屏蔽门打开或失去状态表示，将不允许列车进入或离开站台，对于已经位于站台内的列车，应禁止其离开站台或在站台内移动，所有屏蔽门关闭后，系统方可允许列车施加牵引，驶离站台。

ITC 级别下，站台屏蔽门的状态由 CI 通过 LEU 和应答器通道发送给车载 ATP，车载 ATP 监督站台屏蔽门的状态。列车停站时，如果下一站台的屏蔽门打开，车载 ATP 将切断列车牵引，阻止列车进入下一区间；如果本站屏蔽门打开，车载 ATP 设备将切断列车牵引，防止列车移动。

当列车在车站停稳后，在 MMI 上给出本站屏蔽门的状态表示，屏蔽门打开或失去状态表示时系统会切断列车牵引以防止列车移动或离开站台，但不会因为屏蔽门正常开关操作而引起列车紧急制动。

当由于屏蔽门故障打开或失去状态表示导致列车无法运行时，可通过人工操作 PSD "互锁解除"开关来切除系统对屏蔽门状态的监督，使列车继续运行。

2）屏蔽门控制

在 CBTC 或 ITC 级别时，ATP 子系统均提供车门与屏蔽门联动功能，保证车门与屏蔽门的同步开关。只有满足打开屏蔽门条件，车载 ATP 设备才授权站台屏蔽门的安全打开。

系统打开屏蔽门条件如下：
> 列车零速。
> 列车在一个指定的停车点"适当对位"，误差在允许的范围内。
> 将要开启的屏蔽门必须与当前站台同侧（数据中描述开门侧信息）。
> 列车牵引已切断，保持制动或紧急制动已实施。

当屏蔽门未能正常打开时，系统允许通过人工操作站台屏蔽门开关按钮来打开或关闭屏蔽门，系统仍可对站台屏蔽门的状态进行监督，保证列车和乘客安全。

24. 防护列车安全停靠站

安全靠站是指列车必须处于安全的静止状态（零速）并且列车实际停车点与理论停车点的距离在规定的范围（ATP 停车窗）内。

ATP 子系统对车站停车精度进行安全防护。在 AM 或 CM 模式下，车载 ATP 子系统检测列车是否安全靠站。

ZC 子系统可检查发送给列车的 MA 是否满足安全靠站条件，当保护区段未建立或其他条件导致的列车不能安全靠站时，可阻止列车进站。

当列车安全靠站后，如果当前 MA 不满足列车完全出清站台的条件，车载 ATP 子系统将切断列车牵引，阻止列车出站。如果列车非正常移动，系统将输出紧急制动使列车停车。

25. 授权驶离站台

ATP 子系统对列车出站进行防护，当不满足完全出站条件时，系统将切断列车牵引控制回路，紧急制动触发速度降为 0 km/h，并在司机台 MMI 上显示，防止列车驶离站台。当 MA 条件满足列车完全出站条件后，ATP 车载设备不再切断列车牵引，紧急制动触发速度按照正常的 MA 计算并在 MMI 上显示，授权列车驶离站台。车载 ATP 移动授权的 MA 和紧急制动触发速度的指示与列车的停站时间无关。

当列车停站时，车载 ATO 子系统可自动进行停站倒计时，停站完成后在 MMI 上显示发车提示图标。发车提示图标的显示不影响人工驾驶列车的出站。

26. 管理站台紧急停车按钮

ATP 子系统可对站台紧急停车按钮进行管理和防护。当紧急停车按钮被按下激活时，可实现对应站台封锁功能，禁止站内列车的移动，或使得已经进入的列车紧急制动而停车。

CBTC 级别下，当站台紧急停车按钮被按下激活时，ZC 子系统通过与 CI 子系统的实时信息交互，获得站台紧急停车按钮的状态信息，并将站台紧急停车按钮的状态作为 MA 的一部分发送至车载 ATP 设备。对于尚未进站的列车，ATP 子系统设备监测到车站的紧急停车按钮按下时，可保证未接近车站的列车在站台前停车，正在接近车站的列车紧急制动停车。对于停在站台区域的列车，ATP 了系统设备监测到车站的紧急停车按钮按下后切断牵引列车，禁止列车起动。对正在离站的列车，ATP 子系统设备监测到车站的紧急停车按钮按下后，将使列车紧急制动停车。

点式级别下，当站台紧急停车按钮被按下激活时，CI 将禁止站台紧急停车按钮所在的进路开放，并将通过可变数据应答器和应答器环线将紧急停车按钮的状态发送给车载 ATP。对于尚未进入站台紧急停车按钮所在进路的列车，车载 ATP 子系统将按移动授权的指示禁止列车进入此进路；对于已停在本站台的列车，车载 ATP 将切断列车牵引，禁止列车移动。

27. 设备上电自检

ATP 子系统上电时可进行设备硬件、软件工作状态，及各相关系统设备状态的自检，各子系统检查通过后才允许设备正常运行。

车载 ATP 子系统上电后可进行自检，并检查其关联的车载相关子系统状态，各子系统检查通过后才允许设备正常运行，车载 ATP 设备自检可以定位到板级。车载 ATP 在上电自检过程中，为保证列车的安全，所有安全输出均将导向安全侧，如输出牵引切除，紧急制动，禁止列车车门打开等。如果设备自检发现故障，将记录故障信息并在 MMI 上显示故障原因，根据故障的严重程度可能禁止列车移动。

ZC 子系统和 DSU 子系统在系统上电后进行自检，设备自检定位至板级。只有检查通过后才允许设备正常工作；如果设备自检不通过，设备将向 MSS 子系统报警。

计轴子系统上电时，对计轴状态采集板等设备进行自检，只有检查通过后才允许设备正常工作；如果设备自检发生故障，设备将进行报警，系统导向安全侧。

28. 设备自诊断

ATP 子系统在运行过程中可进行设备工作状态的自诊断，当设备软硬件、系统内部接口或通信设备出现故障时，可进行故障报警和记录，并根据故障级别导向安全侧。

车载 ATP 设备在运行过程中可实时自诊断各硬件板级设备故障，并对继电器的输出结果进行监督，当出现设备故障时进行故障报警和记录。

车载 ATP 监督软件执行状态，并通过"3 取 2"冗余结构对软件的执行结果进行监督，当某机软件状态与其他两机不一致时，将切除故障机的输出，以保证系统安全。

AM 模式下，当车载 ATP 检查发现 ATO 设备出现故障（包括设备故障或通信故障）时，将实施紧急制动，切除 ATO 的控制转为 CM 模式行车。

当车载 ATP 与 ZC 子系统通信故障时，将实施紧急制动至停车，并转为 RM 模式行车。

车载 ATP 采用"3 取 2"安全计算机平台，当某一机运行出现故障时，将切除故障机的输出，降级为"2 取 2"模式运行。

ZC、DSU 子系统采用"2 乘 2 取 2"安全计算机平台，当检测到双机运行不一致时，系统将进行导机，由另一系控制列车运行，主备机的切换不影响系统的正常运行。通过 ATP 设备的面板指示灯，可识别系统是否正常工作。

29. 列车自动驾驶启动

列车自动驾驶主要由车载 ATO 完成。

车载 ATP 为 ATO 自动驾驶提供安全防护，列车自动驾驶启动时需要得到车载 ATP 的授权与使能。

30. 管理跳停

列车跳停主要由车载 ATO 驾驶列车完成。

ATO 驾驶列车跳停时，车载 ATP 子系统防护列车安全，保证列车速度不超过站台限速的限制，并为 ATO 子系统提供必要的支持信息。

31. 管理扣车

车载 ATO 在收到 ATS 的扣车命令时，将控制列车在站台停车并打开列车车门；当 ATO 收到 ATS 的取消扣车命令后，继续正常的自动驾驶功能。

当 CI 接收到 ATS 的扣车命令时，可关闭前方信号机，ATP 子系统能保证列车在车站停车后不向列车发送允许列车出站运行的移动授权，车载 ATP 子系统将切断列车牵引，禁止列车移动。

列车在进站过程中接收到 ATS 子系统的扣车命令时，ATP 子系统不会向列车发送紧急制动命令，不影响列车的正常进站。

32. 管理列车折返

列车可在指定的折返地点实现列车折返，列车在各驾驶模式下均能进行列车的折返操作，正常的折返操作不会导致列车的降级，保证列车的折返时间满足设计的折返间隔要求。

CBTC 下，列车折返作业时，ZC 子系统按照联锁提供的当前进路信息、障碍物状态信息，结合列车当前的位置信息，明确列车即将进行的折返行为，为列车计算移动授权，使列车驶入折返区域；列车在折返区域完成换端操作后，ZC 子系统为换端后的列车计算移动授权，在进路开放后，使列车驶离折返区域。

ITC 级别下，相应 MA 的生成由 LEU 完成，并通过可变应答器或应答器环线将 MA 信息发送给车载 ATP。

车载 ATP 子系统根据接收到的 MA 信息控制列车在折返地点的换端操作安全，只有列车停在规定的折返停车点处才可以进行自动换端。

折返停车点需预先定义，包括有人折返换端地点，以及无人驾驶自动折返按钮的设置地点。

列车折返方式分为 ATO 有人/无人自动折返模式、ATP 监督下的人工折返模式、限制人工折返模式、非限制人工折返模式。正常情况下，为保证列车折返过程中的安全，列车折返换端时须保证车门处于关闭状态，但在特殊的站台，为了保证乘客换乘的效率，系统可提供开门折返功能（开门折返地点需预先定义）。

1) ATO 无人自动折返模式

ATO 无人自动折返时，在列车折返过程中无需人工参与，所有操作由设备直接完成，可极大地节省司机操作和反应的时间，提高折返效率。

当列车在折返站规定的停车时间结束及旅客下车完毕，车门和站台屏蔽门关闭后，经过必要的操作确认司机下车，由司机按压站台"无人自动折返"按钮后采用此模式（提供无人折返过程中司机留在车上和站台两种方式）。列车可在无人驾驶的情况下，从到达站台自动驾驶进入和折出折返线，最后进入发车股道自动打开车门和站台屏蔽门，在整个折返过程中无需司机在车上对列车进行操作。列车到达出发站台停稳，确保司机进入另一端驾驶室后方可起动列车。无人折返的典型过程中如图3-38所示。

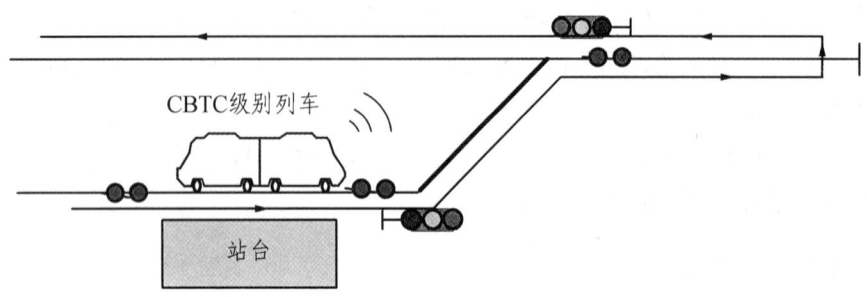

图 3-38　无人折返示意图

司机在指定的无人折返站台完成一系列确认操作后，ATO驾驶列车运行到停车进行列车自动换端，之后列车自动运行至目的站台停车，等待司机激活钥匙，退出无人折返的过程。

司机在地面的无人折返，是指在列车进行无人折返的过程中，司机位于地面的情形。此时进入无人折返的操作过程如下：

➢ 列车处于CBTC级别CM或AM模式，停在指定的无人折返站台，车门关闭，满足无人折返的条件。
➢ 车载AR灯闪烁，MMI显示可进行无人折返图标。
➢ 司机按压车载AR按钮。
➢ 站台无人折返灯闪烁；车载AR灯点亮，MMI显示正在进行无人折返图标。
➢ 司机关闭钥匙开关。
➢ 站台无人折返灯闪烁；车载AR灯熄灭，MMI黑屏显示。
➢ 司机离开驾驶室并关闭驾驶室门，按压站台无人折返按钮。
➢ 站台无人折返灯点亮。
➢ 自动驾驶列车驶离无人折返站台。
➢ 站台无人折返灯熄灭。
➢ 自动驾驶列车进入折返轨停车。
➢ 列车自动完成换端，并驾驶列车回到目的站台。
➢ 司机进入前端驾驶室。
➢ 司机激活前端驾驶室钥匙开关。
➢ 列车继续在正线上运行。

司机在地面的无人折返场景如图3-39所示。

项目 3 交控科技 ATP 系统

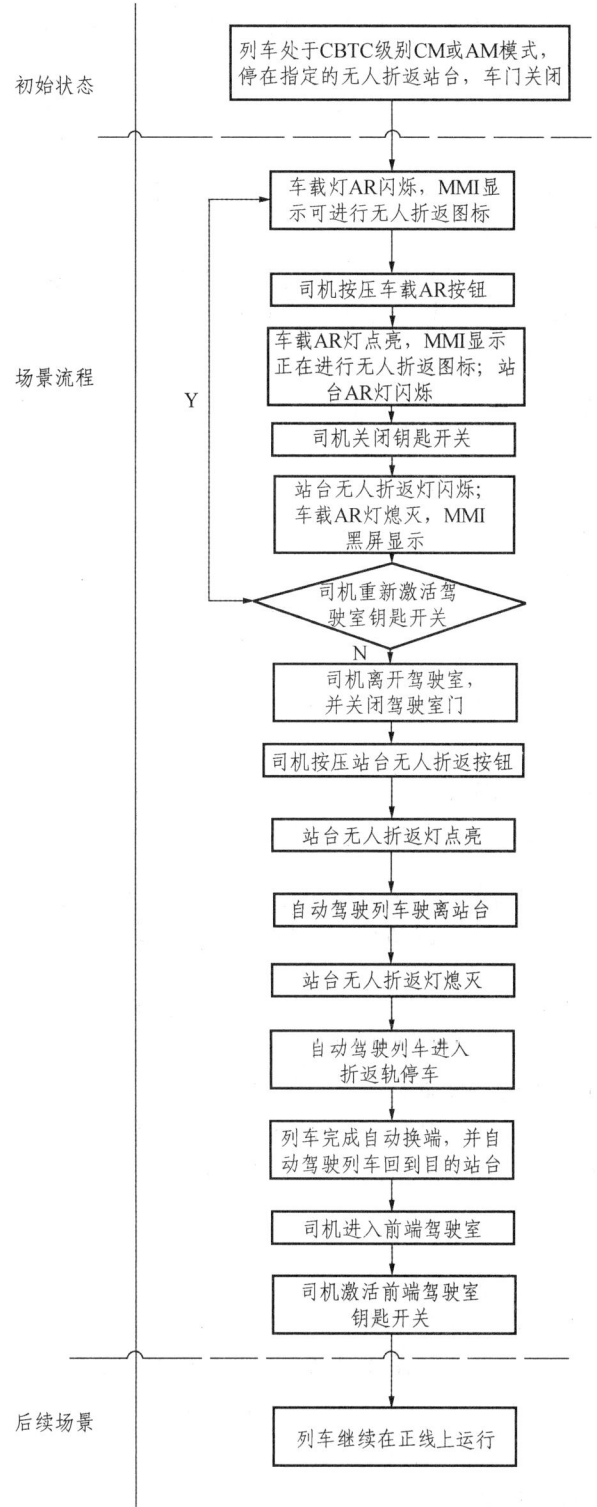

图 3-39 司机在地面的无人折返场景

司机留在车上的无人折返，是指在列车进行无人折返的过程中，司机位于车上的情形。此时进入无人折返的操作过程如下：
- 列车处于 CBTC 级别 CM 或 AM 模式，停在指定的无人折返站台，车门关闭，满足无人折返的条件。
- 车载 AR 灯闪烁，MMI 显示可进行无人折返图标。
- 司机按压车载 AR 按钮。
- 站台无人折返灯闪烁；车载 AR 灯点亮，MMI 显示正在进行无人折返图标。
- 司机离开驾驶室，按压站台无人折返按钮。
- 站台无人折返灯点亮。
- 司机进入驾驶室并关闭驾驶室门。
- 司机关闭钥匙开关。
- 车载 AR 灯熄灭，MMI 黑屏显示。
- 自动驾驶列车驶离无人折返站台。
- 站台无人折返灯熄灭。
- 自动驾驶列车进入折返轨停车。
- 列车自动完成换端，并驾驶列车回到目的站台。
- 司机在车上由对端驾驶室进入前端驾驶室。
- 司机激活前端驾驶室钥匙开关。
- 列车继续在正线上运行。

2）ATO 有人自动折返模式。

在此模式下，由 ATO 驾驶列车运行到折返线并停车，人工确认折返后关闭本驾驶端驾驶盘和启动反向端驾驶盘，ATO 驾驶列车进入发车股道并定位停车后由 ATO 或人工打开列车车门。

3）ATP 监督下的人工折返模式

在此模式下，司机采用"控制手柄"驾驶列车运行，人工驾驶列车运行到折返线并停车，人工确认折返后关闭本驾驶端驾驶盘和启动反向端驾驶盘，在 ATP 监督下人工驾驶列车进入发车股道并定位停车。司机按压开门按钮打开车门（站台屏蔽门可由系统控制同步打开）。

4）限制人工折返模式

在此模式下，司机采用"控制手柄"控制列车运行，司机人工驾驶列车运行到折返线并停车，人工关闭本驾驶端驾驶盘并启动反向端驾驶盘，之后人工驾驶列车进入发车股道并定位停车，司机人工打开车门和站台屏蔽门。整个折返过程中，车载 ATP 限制列车在某一固定的低速（如 25 km/h）之下运行。

5）非限制人工折返模式

在此模式下，司机根据调度命令和地面信号的显示，人工驾驶列车运行到折返线并停车，再人工驾驶列车进入发车股道并定位停车，司机人工打开车门和站台屏蔽门。

33. 开门折返

在预先定义的站台，为了提高乘客换乘的效率，系统提供开门折返的功能。在列车折返换端过程中车门可保持打开状态，减少设备和司机换端的时间不影响折返间隔。

当司机要进行折返换端的区域同时为站台时，才可以实现开门自动换端。

34. 时钟同步

信号系统具有统一的时钟，时钟系统为信号系统提供实时的标准时间信息，信号系统接收时间信号，并根据时间信号校准信号系统时钟，信号系统具备屏蔽错误时间信号的能力。

ATP 子系统可与 ATS 时钟服务器进行校时，通过 NTP 协议，接收时间信号，并根据时间信号校准 ATP 子系统自身的时钟，用于显示及辅助维护记录信息等功能。

35. 数据记录

ATP 设备具备系统运行重要数据的记录和打印功能，记录的内容包括事件的时间和日期，并至少保存 7 天，ATP 设备提供完善的离线数据分析工具，可对记录数据进行分析，并根据用户需求，提供相应的故障报表，包括但不限于：

- 设备运行状况。
- 行车里程。
- 控制情况。
- 驾驶模式。
- 速度。
- 列车日检数据等。

36. 系统故障报警

ATP 子系统具备故障报警功能，当 ATP 子系统发现异常或故障时进行故障报警。报警分为 3 类：

（1）涉及行车安全的报警信息为一级报警，采用声光报警，须经人工确认后才能停止报警，除在监测报警工作站和相应的维护终端进行报警外，并在相应的行车调度人员工作站进行报警。

（2）影响列车运行和设备正常工作的报警信息为二级报警，采用声光报警，须经人工确认后才能停止报警，除在监测报警工作站和相应的维护终端进行报警外，并在相应的行车调度人员工作站进行报警。

（3）一般报警情况为三级报警，可采用红色显示报警信息，仅在监测报警工作站和相应的维护工作站上显示和报警，一般报警情况不影响列车运行和设备的正常工作。

37. 后备模式

本项目中，默认主用模式为基于通信的 CBTC 控制模式，具有完善的点式级别控制模式与联锁级别控制模式两种后备模式。信号系统能完成主用模式与后备模式之间的安全、可靠转换，后备系统故障不影响主用系统的正常运行。主用模式与后备模式之间可实现自动转换。

正线全线采用计轴设备实现次级列车位置检测，完成对车载 ATP 设备故障列车、未装备车载 ATP 设备的列车、工程车等车辆的位置检测。

38. 点式级别控制模式

点式级别控制模式是靠有源应答器和环线应答器传输点式 MA，从而实现列车控制的模式，在连续式通信设备故障时启用。

系统在点式级别控制模式下，接收布置在轨旁的有源应答器发送的报文获得点式移动授权。系统具有在线列车运行的超速防护、间隔防护、冒进信号防护、车门防护、自动运行以及定位停车等功能。在点式控制模式下，可由联锁设备实现进路的自动或人工设置。

在点式级别控制模式下，系统对列车运行速度-距离曲线控制方式与 CBTC 模式下的控制方式一致。

点式级别控制模式主要特点如下：
- 列车可在点式级别下在 ATP 的防护下人工驾驶（CM）运行。
- 列车可在点式级别下在 ATP 的防护下自动驾驶（AM）运行。
- 可防止装备车载 ATP 设备的列车越过限制约束点，例如红灯信号或失去表示的道岔。
- 监控永久限速。

点式级别控制模式下除基本的防护功能外，还具备如下功能：
- 在站台出站方向布置环线应答器，在点式级别下，列车在自动或者人工驾驶模式下进行折返作业时，正常情况下列车驾驶模式不会降级至 RM 模式。
- 点式级别下，在车站具有与屏蔽门联动的功能。
- 在点式级别下，在进路始端信号机前设置可变数据应答器，保证列车读取可变数据应答器的信号显示与地面信号显示的一致性，列车经过可变应答器时接收到点式 MA 信息，可变数据应答器和地面信号机同地点设置，设置距离小于 5 m（目前的典型值为 3 m）。
- 点式级别下，车载 ATP 通过接收有源应答器和环线应答器发送的点式 MA 信息，来控制列车运行。应答器的位置设计和其中的点式 MA 设计具有连续性，列车接收应答器的 MA 信息可保持持续有效，直到收到下一个移动授权为止。

【复习思考题】

1. 简述交控科技 ATP 系统车载设备组成。
2. 简述 VOBC 车载机柜的组成。
3. 简述速度传感器、雷达传感器的功能及安装位置。
4. 简述车地无线通信原理。
5. 简述车载应答器接收设备组成。
6. 应答器有哪些类型?
7. 简述交控科技 ATP 系统地面设备组成。
8. 简述区域控制器 ZC 的功能。
9. 简述数据服务器 DSU 的功能。
10. 交控科技 ATP 系统如何实现?
11. 在计算移动授权时,应考虑哪些因素?
12. 系统如何实现测速测距?
13. ZC 设备故障情况下的列车如何运行?
14. 车载 ATP 设备故障情况下的列车如何运行?
15. 系统如何实现车门控制和站台屏蔽门控制?

项目 4 卡斯柯 ATP 系统

【项目描述】

1. 卡斯柯 ATP 系统车载设备的组成。
2. 车载控制器 CC 的组成及功能。
3. 信标天线的作用及工作原理。
4. 编码里程计的作用及工作原理。
5. 人机界面 DMI 区域划分。
6. 轨旁的设备组成。
7. 区域控制器 ZC 的组成及功能。
8. 信标子系统的组成及功能。
9. 卡斯柯 ATP 系统 ATP/ATO 功能

【项目目标】

1. 掌握卡斯柯 ATP 系统车载设备的组成。
2. 理解车载控制器 CC 的组成及功能。
3. 理解信标天线的作用及工作原理。
4. 理解编码里程计的作用及工作原理。
5. 了解人机界面 DMI 区域划分。
6. 掌握轨旁设备的组成。
7. 理解区域控制器 ZC 的组成及功能。
8. 理解信标子系统的组成及功能。
9. 理解卡斯柯 ATP 系统 ATP/ATO 功能

典型工作任务 1 车载子系统设备的组成及功能

【工作任务】

1. 掌握卡斯柯 ATP 系统车载设备的组成。
2. 理解车载控制器 CC 的组成及功能。
3. 理解信标天线的作用及工作原理。

4. 理解编码里程计的作用及工作原理。
5. 了解人机交互界面 DMI 的界面。

【知识准备】

卡斯柯 ATP 系统车载设备包括车载控制器 CC、司机显示单元 DMI、信标天线、编码里程计等，这些设备接入冗余的信号网络，如图 4-1 所示。

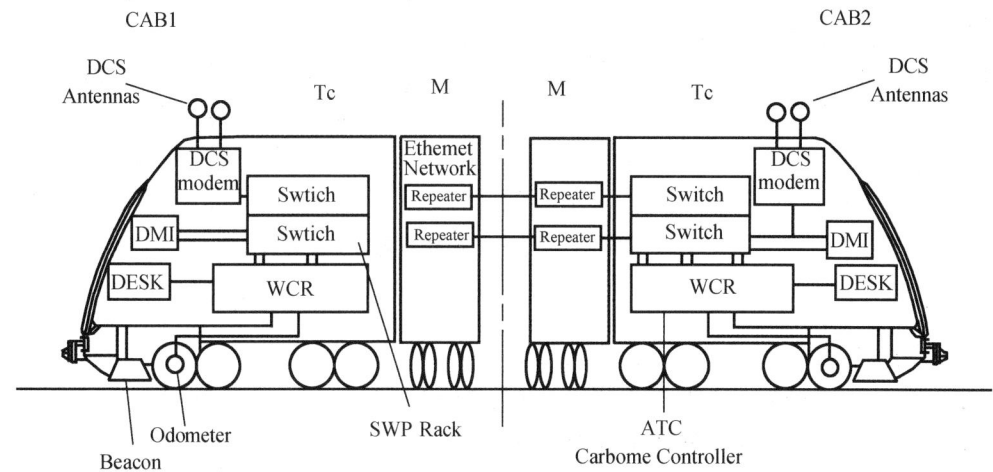

图 4-1 车载 ATP 设备结构示意图

一、车载控制器 CC

机架 CMV 由 5 个模块组成，如图 4-2 所示。

1. CORE-MPC

➢ 支持 ATP 和 ATO 的应用功能。
➢ 获取编码里程计和信标的信息。

CORE 模块主要负责以 ATP 和 ATO 软件的应用功能进行核心运算，并获取编码里程计和应答器信息。

CPS 板：这块板子的主要功能是给 CORE-MPC 供电，提供 CORE 模块所有板卡、编码里程计、应答器天线、机架风扇的电源。

CBS 板：这块板子的主要功能是管理编码里程计和信标天线的接口，负责应答器位置检测、应答器信息读取和传感器脉冲计算处理。

CMP 板：这块板子主要由两部分组成，第一部分负责非安全功能（ATO），第二部分负责安全功能（ATP）。提供 ATP 和 ATO 软件以及时钟功能。

DLU 板：储存维护数据，只有 1 块，装配于列车尾端。

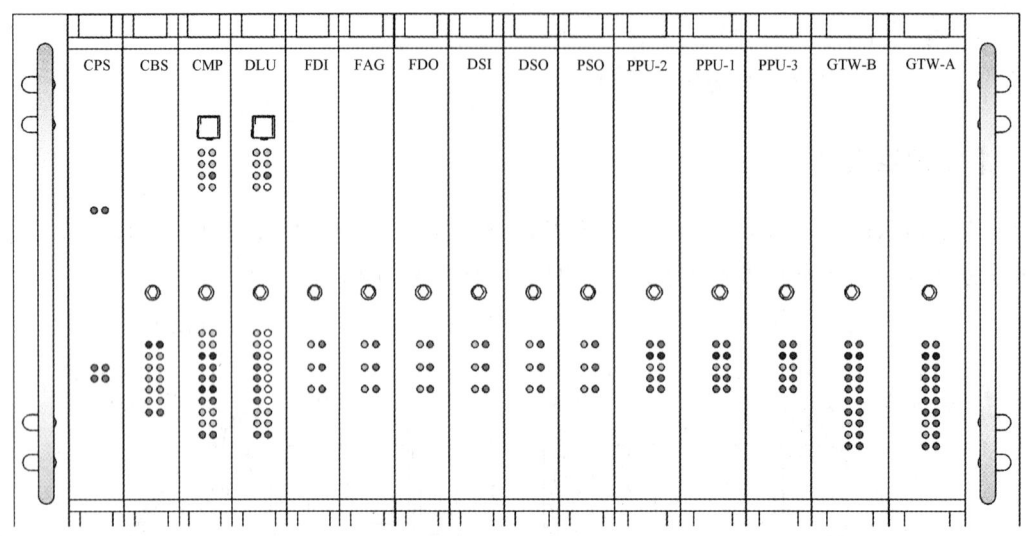

图 4-2 CMV 结构示意图

2．输入/输出

输入/输出模块主要负责 CC 的安全输入输出：
- 实现离散的安全和非安全输入和设置输出。
- 实现模拟的非安全输入的获取和设置输出。

PPU 板：提供 VIOM 所有通道的电源，为各输入输出板提供运算和表决的功能。3 块 PPU 板是 I/O 的供电及处理板。

输入输出板：提供电源安全输出、离散安全输入输出、离散功能输入输出、功能模拟输入输出，每一个都有特定的输入或输出功能，

I/O 电路板由 FDI，FAG，FDO，DSI，DSO 和 PSO 组成。

3．网　关
- VIO 和 UNIVIC 网络的接口。
- 管理与车辆 MVB 的接口。

GTW 板：提供和信号车载网络连接，以及与车辆 TMS 网络的连接。

4．UNIVIC 网络
- 实现网络初始化，启动和通信，并实现车载数据的传输和交互。
- 提供配置设置。
- 放大以太网信号。

5．数据记录器

数据记录器实现维护数据的存储。

1）工作机制

列车通过车地无线通信设备接收轨旁 ATP 计算出的运行速度、运行间隔、临时限速

等指令后，经由交换机传输至核心处理器进行运算后输出指令，交换机和网关传输至 PPU 板卡进行表决后，由输入输出板通过接口电路传输至相应的其他车载系统进行动作执行。

2）冗余机制

➢ "3 取 2"冗余：PPU 板卡。

➢ 双机冗余：两块网关板卡互为冗余。

在交换机、列车中继器以及两端通信数据连接线未发生故障的情况下，列车两端 CMP 板互为冗余，CBS 板在 CBTC 模式下（通过无线网络实现列车移动授权、车地数据交互的列车最高级运行模式）可以与对端冗余。

二、信标天线

信标天线是列车的定位设备，是车载系统中十分重要的设备，此设备是否正常工作直接影响着系统的工作。每个 CORE MPC-VIO 配置一个信标天线，天线安装在转向架下（需要减振器），由 CORE MPC-VIO 为信标天线进行供电，实现车-地地位信息传输。

信标天线通过发射（27.095 MHz）的信号，向布置在轨道中央的信标供电，信标激活后向信标天线发送信号，天线接收并放大信标的上行信号并发送给安全处理器进行运算，运算较为准确，故对于应答器的读取效果较好，不易丢失应答器信息，从而为列车完成定位。

工作机制：列车在正线运行时，应答器读取天线都必须从静态应答器和动态应答器正上方扫过时才能读取应答器信息，由大功率应答器天线发射信号激活应答器，接收应答器反馈信息后，通过同轴电缆传输至 CC 的输入板，由 PPU 板 "3 取 2" 运算表决后经网关和交换机传输至 CORE 核心运算板，获取列车定位、移动授权、线路信息等。

信标天线外部接口如图 4-3 所示。

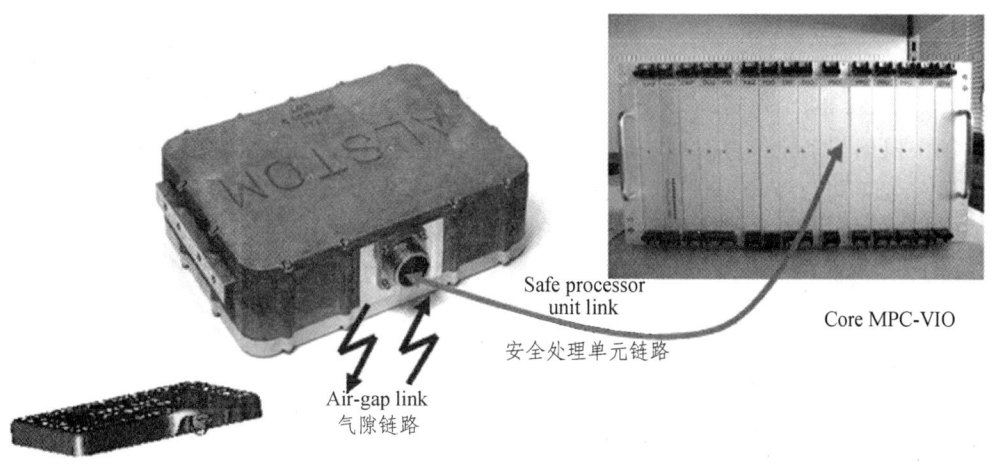

图 4-3 信标天线外部接口

三、编码里程计

卡斯柯的速度传感设备叫作编码里程计,安装于列车两端的二轴右侧,如图4-4所示。编码里程计是列车位移的安全型传感器,是安装在车轴的光传感器为 CC 提供零速检测信息。列车停车时 CC 需通过检测编码里程计的最小转动角来检查零速信息,以监视列车向后或向前打滑。当主驾激活端编码里程计零检测到零速信息时,此零速度信息与另一端冗余的编码里程计及车辆提供的零速度信息进行比较。若这 2 个信息有 1 个与当前信息一致,则可以检测到零速度信息,则 CC 认为列车已停稳。若都不一致,检测出机械故障(轴损坏或抱死)。

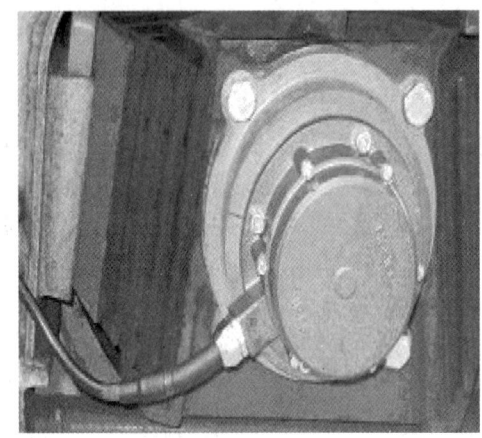

图 4-4　编码里程计安装示意图

编码里程计采用光电传感的原理,列车车轮转动时,由发射二极管发出的连续光束被编码盘切割,形成一段段的脉冲光束,接收晶体管探测到这些脉冲光束后,产生一个与编码盘转速相应的频率。频率通过放大器增强后传输至外部评估系统。

编码里程计中共有 4 个传感器,其中 3 个传感器(C1,C2,C3)对所数到的车轮齿数进行计算来判断车轮转动半径,完成转动的速度测量和确定走行方向;剩余一个传感器(C4)根据与车轮位置对应的编码对数据进行检测,如果这些测量方式得出的结果一致,那么 ATP 可以安全地计算出列车的运行速度。

编码里程计安装在非牵引车轮上,用多芯电缆链路与安全处理器单元的 CBS 板接口,由 CPS 板提供 24VDC 光传感器的电源,里程计传感器根据列车位移提供电脉冲。

四、DMI

驾驶员人机界面简称 DMI,是列车操作控制台(驾驶室)的一部分,提供驾驶员和车载控制系统之间的人机交互界面。DMI 向列车驾驶员提供运行模式、故障、操作等信息。每个司机室配备 1 台,通过冗余车载网络进行通信,如图 4-5 所示。DMI 的界面区域划分见表 4-1。

项目 4 卡斯柯 ATP 系统

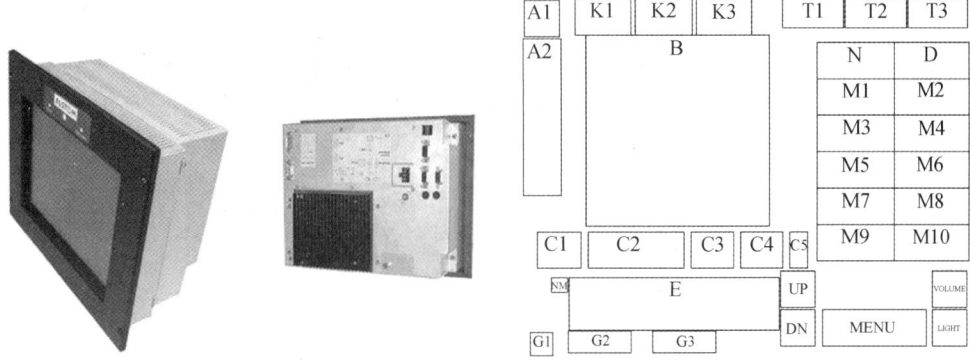

图 4-5 DMI 实物及界面区域划分

表 4-1 DMI 的界面区域划分

区 域	包含信息	区 域	包含信息
A1，A2	目标信息	M1~M10	运行模式和状态信息区域
B	速度控制显示区域	T1~T3	列车信息
C1~C5	辅助运行信息区域	N，D	发车倒计时显示信息
E	监控信息显示区域	MENU	菜单按钮
F	确认信息区域	K	下一站，终点站和发车时间

DMI 状态信息显示及各图标含义如图 4-6~图 4-8 所示。

图 4-6 DMI 状态信息显示及各图标含义

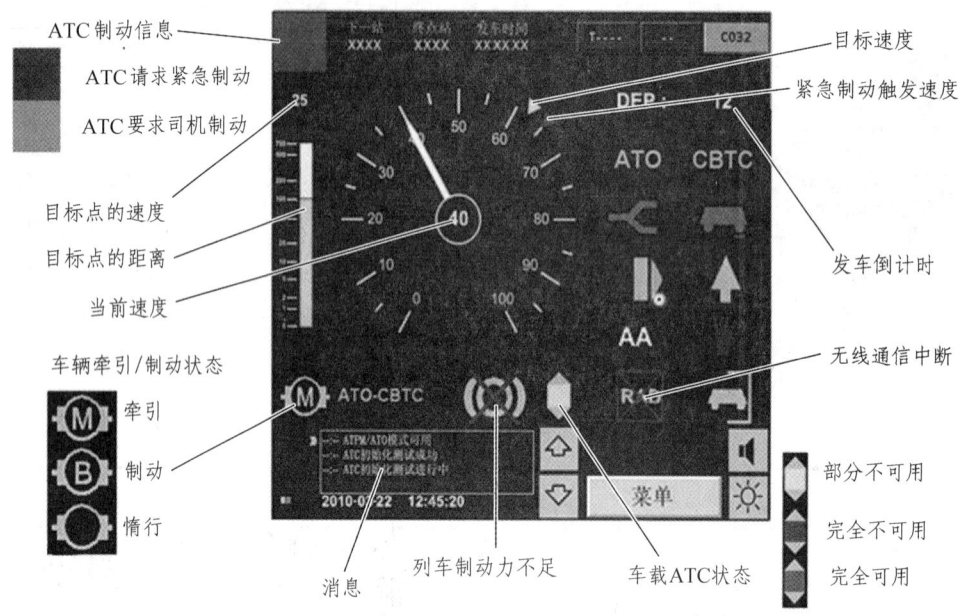

图 4-7　DMI 状态信息显示及各图标含义

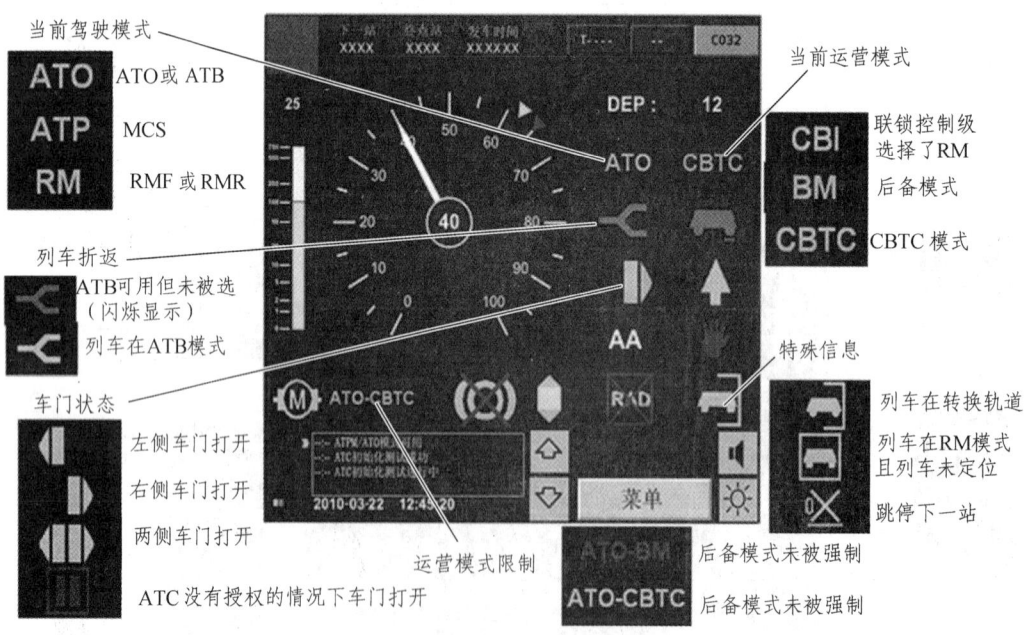

图 4-8　DMI 状态信息显示及各图标含义

典型工作任务 2　轨旁子系统设备的组成及功能

【工作任务】

1. 掌握卡斯柯 ATP 系统轨旁设备的组成。
2. 了解区域控制器 ZC 机柜的配置。
3. 了解 LC 子系统的功能。
4. 了解信标子系统的组成及功能
5. 了解 LEU 子系统的组成及功能

【知识准备】

轨旁 ATP 设备包括区域控制器 ZC、线路控制器 LC，这些设备接入冗余的信号网络。欧式编码器（LEU）和信标亦为轨旁 ATP 设备，其中欧式编码器（LEU）设置于集中站信号设备室中，信标设置于轨旁。

一、ZC 子系统

ZC 子系统同其他子系统（内部和外部）及相关人员的连接方式如图 4-9 所示。

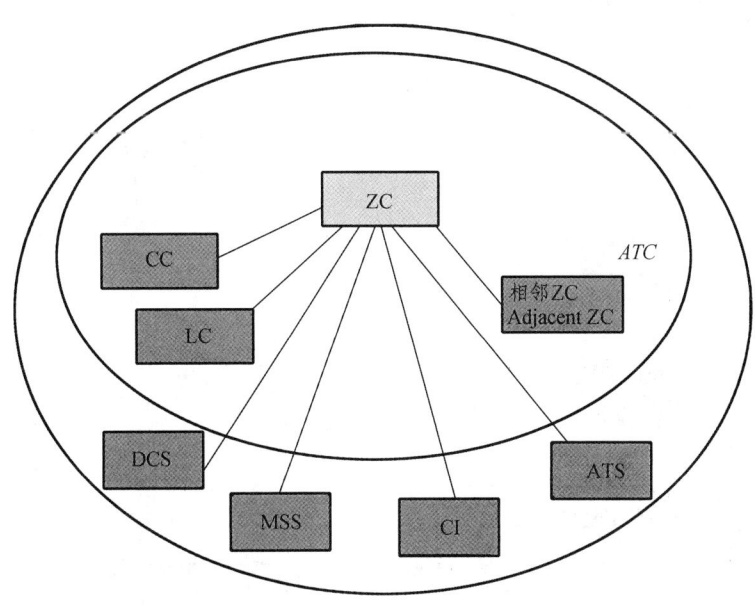

图 4-9　ZC 子系统接口

1. 设计原则

ZC 子系统负责管理下列功能：计算自动防护、计算每列车的移动授权、管理防护区域、监控屏蔽门。

ZC 子系统通过 DCS 网络和以下信号子系统设备连接：ATS、CI、MSS、DCS、CC、相邻 ZC、LC。

ZC 子系统包括一个通用平台，一个通用应用软件和与线路相关的特定数据描述。

2oo3 安全平台的主要部分是一个安全的计算机机架，由 3 个处理单元（信道）组成（位于机柜的正中间位置），和一个 I/O 机架，由两组 I/O 组成（连接位置在机柜背面底座）。安全计算机能使用 3 个 USB 卡配置特定的应用软件，每个 USB 卡插在每个处理单元的前面板插槽上。

ZC 的安全性基于"3 取 2"原则：
- 检测到故障后自动从 3oo3 模式降级到 2oo2 模式。
- 维护时无需中断运营即可从 2oo2 模式重新配置到 3oo3 模式。
- 每个 I/O 通道可用吞吐量为 2 Mbit/s。
- 正常情况下信息反应时间小于 10 ms。

2. 技术要求

供电需求：应给 ZC 机柜提供 2 路独立电源来保证冗余。

主要参数：110/230 V，50/60 Hz；电压变化 [-15%；+0%]，频率：[47；63] Hz，电压随机变化范围 ±6%，功耗 < 500 V·A。

工作条件：工作温度 [0 ℃；+45 ℃]；储藏温度 [0 ℃；+55 ℃]；湿度：工作时 85%。

3. 系统组成

ZC 机柜配置如图 4-10 所示。

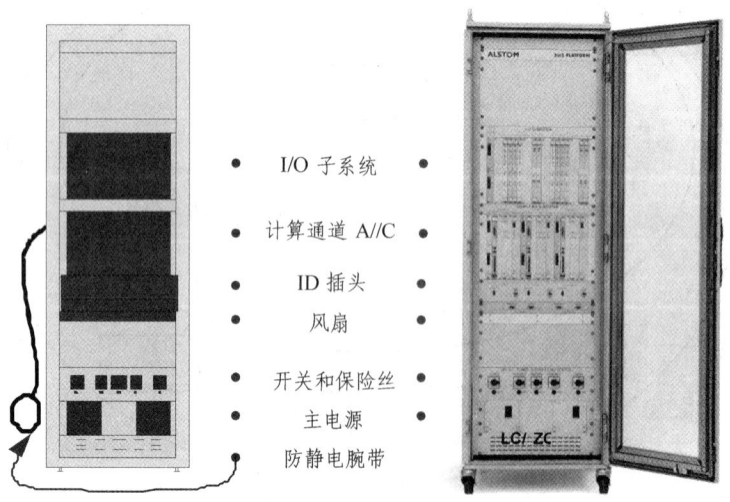

图 4-10　ZC 机柜配置图

1) 双重 I/O 子系统

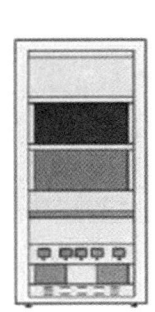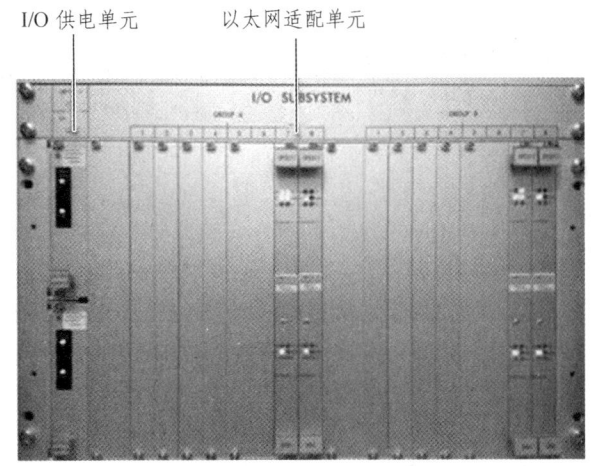

图 4-11 I/O 子系统结构图

该模块包括 4 个以太网适配单元；2 个 I/O 供电单元，如图 4-11 所示。

2) 三重计算子系统

- 3 个主处理单元（MPU）。
- 3 个高速通信单元（HSCU）。
- 3 个冗余管理单元（REDMAN）。
- 3 个 CPU 供电单元（CPU PSU）。

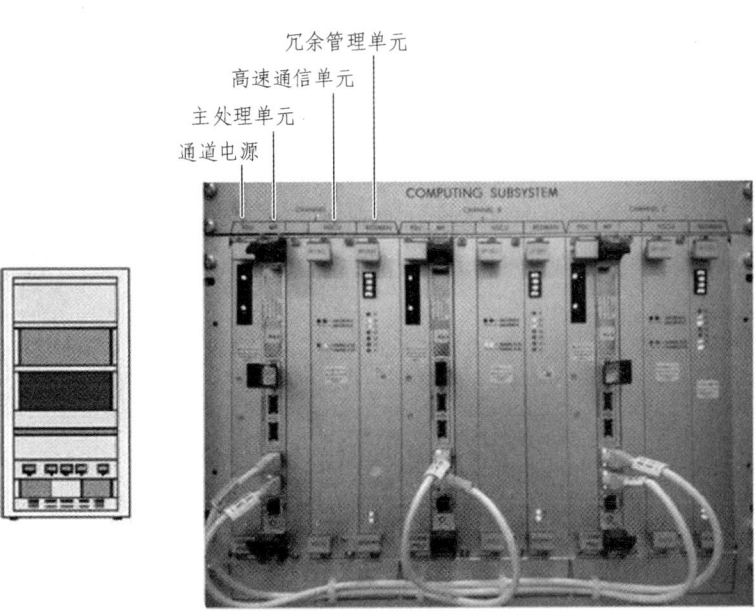

图 4-12 计算子系统结构图

3）3个ID插头ID

ID插头如图4-13所示。

图4-13　ID插头

4）开关和保险

开关和保险如图4-14所示。

图4-14　开关和保险

5）两个主电源

电源如图4-15所示。

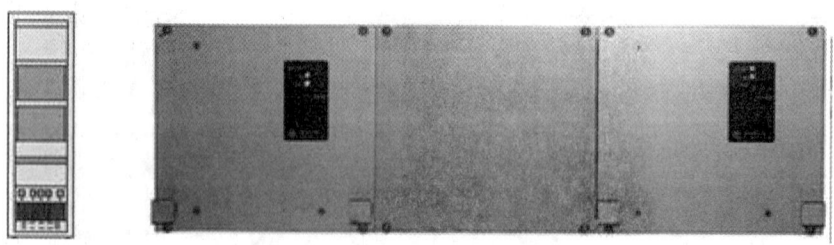

图4-15　电源

AC/DC转换器，输出：48 V，550 W。

6）风扇及防静电腕带

风扇及防静电腕带如图4-16所示。

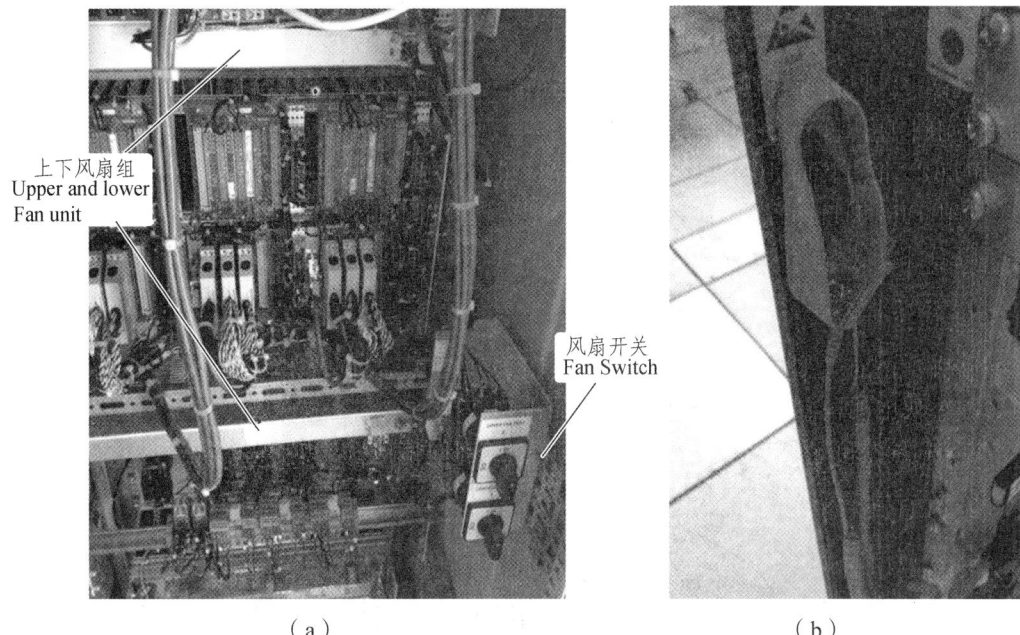

图 4-16 风扇及防静电腕带

二、LC 子系统

LC 子系统同其他子系统（内部和外部）和相关人员的连接方式如图 4-17 所示。

LC 子系统和 ZC 使用相同的"3 取 2"平台。LC 应用和 ZC 同样的 2oo3 平台。LC 通过 DCS 子系统与以下信号子系统设备连接：ATS、MSS、DCS、CC、ZC。

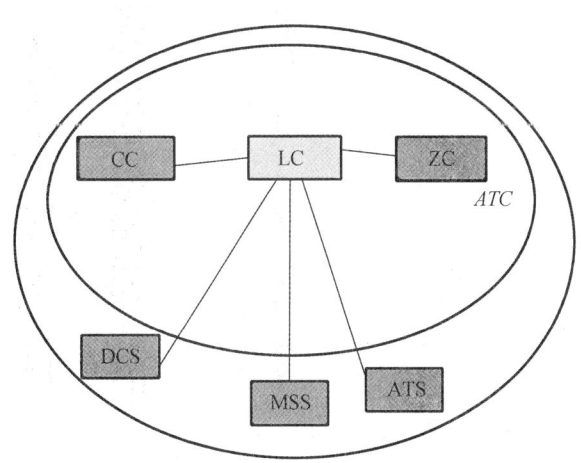

图 4-17 LC 子系统接口

LC 子系统负责管理下列功能：
➢ 管理临时限速。

➢ 保证 LC，CC 和 ZC 的时钟同步。
➢ 管理 ATP/ATO 的数据和软件版本。

三、信标子系统

信标子系统与其他子系统（内部和外部）和相关人员的交互方式如图 4-18 所示。

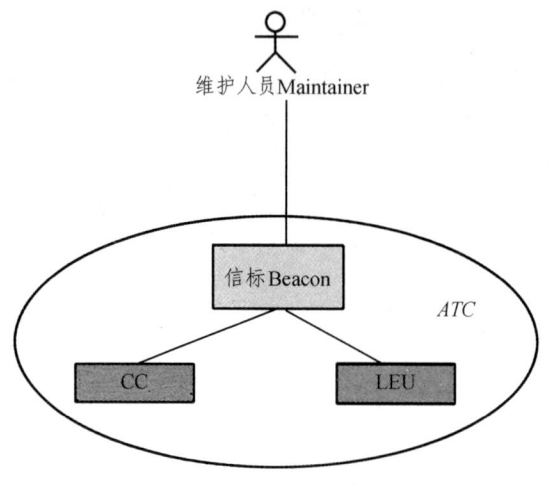

图 4-18 信标子系统接口

1. 设计原则

当列车越过信标时，信标子系统允许 CC 子系统读取轨旁信息。

轨道上安装了 1 种信标：RB（重定位信标），信标外形如图 4-19 所示。

图 4-19 信标

两个连续的 RB 用来初始化列车位置，每个 RB 也可对列车重新定位。

编码里程计安装在列车非自由轮上（制动轮轴），2 个信标间的最大距离不应超过 400 m。为了冗余（允许丢失 1 个信标），至少每 200 m 安装 1 个信标。在车站或者需要精确停车的地方，为了实现精确停车，RB 安装在特定的位置。

当标志为 MTIB（2 个 RB 信标间距 21 m）时，RB 还可用于校准车轮直径。

当执行后备模式功能时，RB 信标与 LEU 子系统连接，为 CC 提供轨旁设备状态、信号机状态、道岔状态。

2. 功　能

一对 MTIB 移动信标可允许 CC 对编码里程计的精确度进行校准。它包括两个信标，这两个信标之间的距离固定为 21 m 并安装在曲率半径不小于 300 m 的轨道区域。

在沿线有规律地安装信标。这些信标允许 CC 设备执行定位初始化和重新定位功能。3 个连续的重新定位信标的距离不应超过 400 m。为实现每次精确停车，需要重新定位信标。该信标安装在当列车位于商业运营停车点时距信标天线位置前 0.5~1 m 处的地方。

为了提高 CC 在运营停车点的停车策略，还需再安装两个重新定位信标，该信标可允许 CC 在必要情况下修正列车的速度曲线。该信标安装在当列车位于运营停车点时，距信标天线位置前 30 m 和 70 m（待定）范围的地方。

四、LEU 子系统

LEU 子系统同其他子系统（内部和外部）和相关人员的交互方式如图 4-20 所示。

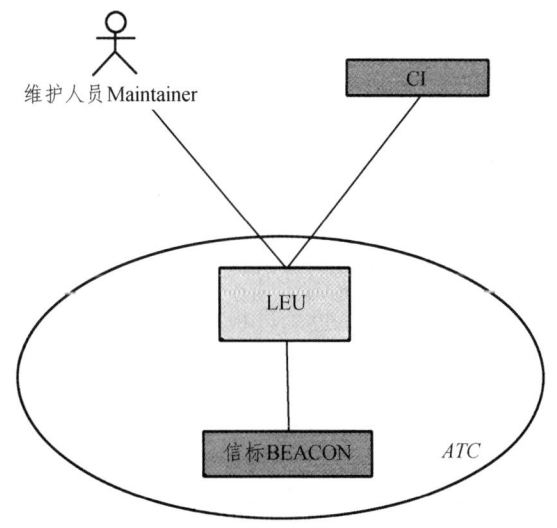

图 4-20　LEU 子系统接口

1. 设计原则

LEU 子系统从 CI 设备获取各种轨旁信息，并为信号机附近的有源信标提供信息。LEU 是安全相关的轨旁设备，与其相关的信号机、道岔和欧式信标接口，如图 4-21 所示。

LEU 是一种用于执行后备模式功能的产品。

停车信号机由 1 个信标防护，每个信标从 1 个 LEU 获取信息并传送至列车。

接近信号机由两个信标防护,每个信标可从不同的 LEU 处获取信息并传送至列车。1 个 LEU 可管理最多 4 个信标。

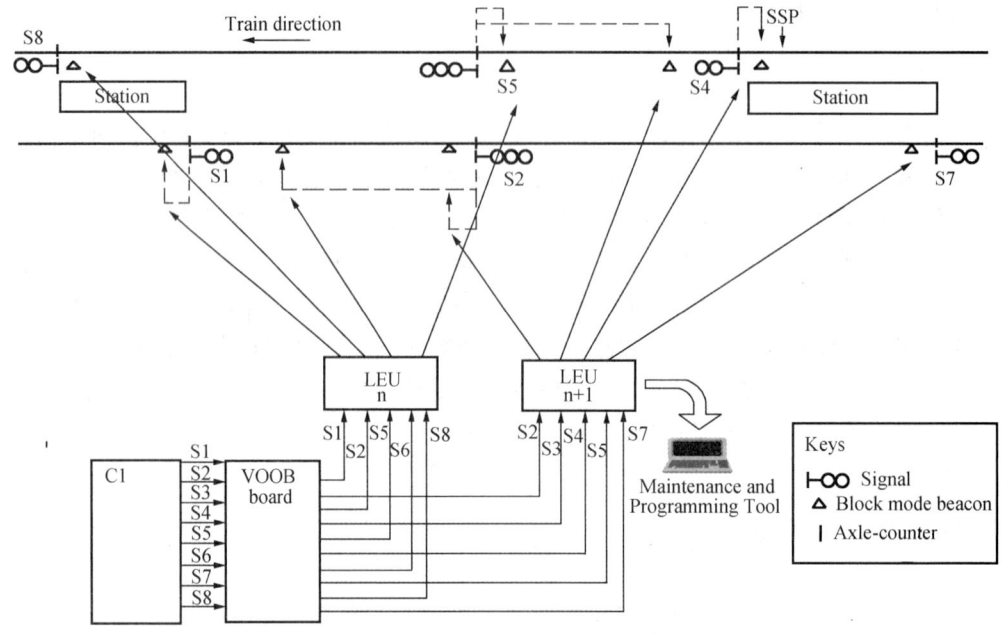

图 4-21 后备模式轨旁子系统结构

2. 组　成

LEU 划分为如下 4 个主要部分:

(1) 底板:底板用来将 LEU 装入机柜或装在特定支架上。

(2) 前盖:前盖用来防护连接器进水和屏蔽 EMC,它装在 LEU 盒上。

(3) LEU 盒:LEU 盒用来放置 4 块电路板,在后面板已包含了母板,放置在底板上。

(4) 电路板:CALE 电源板、CRTE 网络和处理板、ETRS2 输入接口板、SERB 输出板。LEU 盒内的电路板由位于盒内后面板的母板连接。

3. LEU 连接接口

连接 LEU 和其他设备的外部接头直接插在前面板连接器上,每个板有一个连接器。每个连接器的输出管脚定义将在板子说明中描述。

限制:LEU-信标连接线的长度不能超过 5 000 m,否则需采用特殊电缆。

4. 功能描述

LEU 提供信号系统和欧式信标的接口,1 个单独的 LEU 可与 4 个信号机接口。

使用 LEU 的目的是通过分析输入状态确定信号机的显示并将相关的信息传送至信标。

ETRS2 板可接收 10 个输入:LEU 软件可以将几个输入合并为 1 个逻辑方程,方程的结果用来选择将要发送的输出信息。

信号系统信息通过输入电路传输至 LEU。1 个 LEU 最多可以与 4 个欧式信标通信。

典型工作任务 3　ATP/ATO 系统功能

【工作任务】

1. 理解卡斯柯 ATP 系统的 ATP/ATO 功能框图。
2. 理解卡斯柯 ATP 系统的 ATP/ATO 主要功能。

【知识准备】

一、ATP/ATO 系统功能概述

图 4-22 中，黄色盒子代表 ATP/ATO，紫色表示 DCS 设备，成都市轨道交通 4 号线信号系统中的其他子系统用蓝色表示。灰色盒子表示外部系统。

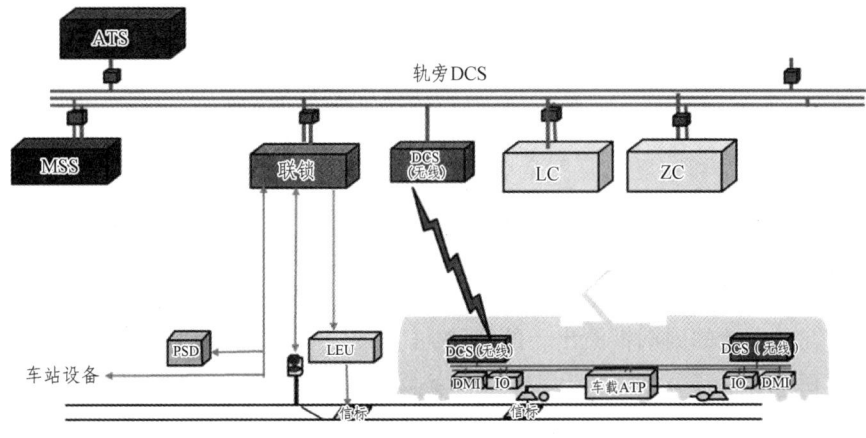

图 4-22　卡斯柯 ATP/ATO 系统框图

ATP/ATO 子系统是由几个主要设备构成的，详细的 ATP/ATO 子系统内部的结构层次将在下面描述。

成都市轨道交通 4 号线信号系统 ATP/ATO 包含如下主要设备（下部第一层）：CC、ZC、LC、LEU、Beacon，如图 4-23 所示。

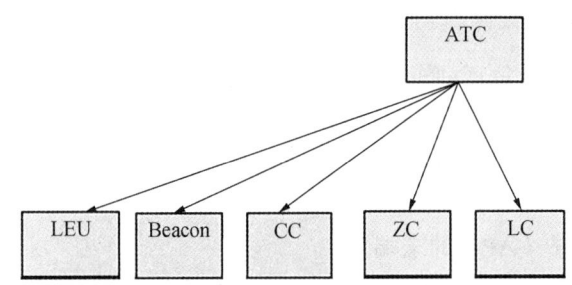

图 4-23　成都市轨道交通 4 号线信号系统 ATP/ATO 主要设备

备注：LEU 只在后备模式下与有源信标有关。

二、ATP/ATO 功能

1. 更新动态轨道信息

本功能的目的在于根据联锁输入的信息对轨道情况及状态进行动态计算。

2. 确定驾驶移动情况

本功能的目的在于计算安全的驾驶移动信息：
- 测量列车移动，并进行轮径自动校准。
- 计算速度及加速度。
- 确定列车完全停车的信息。

3. 定位轨道上的列车

本功能的目的在于定位列车。列车是由两个连续的信标进行初始化定位；通过计算列车移动来保持定位，依靠信标进行重定位。

此功能计算出定位报告信息，发送到 ZC 设备。

4. 计算自动保护

自动保护（AP）可以随时且安全地提供轨道占用状态。

自动保护（AP）表示某区域很可能被车辆占用。

本功能的目的是对列车的自动保护（AP）进行管理。

根据列车位置进行 AP 末端位置计算，从而创建（插入列车）或更新 AP，然后根据列车移动情况及更新的周期推断出新的位置。

此功能在后备模式下不可用。

5. 更新轨道占用信息

本功能的目的在于：
- 根据 AP 位置计算出联锁需要的与轨道占用相关的信息。
- 确定联锁和 ATP/ATO 所使用的次级列车检测的相关运行状态。

此功能在后备模式下不可用。

6. 设置并处理运行授权限制

本功能的目的在于为每辆列车提供运行授权限制（EOA 和变量）。

在 CBTC 模式下，CC 收到的 EOA 在 5 s 内没有更新，将触发紧急制动。

ATP/ATO 子系统计算的授权限制为：
- 前方进路未办理并且未锁闭（行车方向信息）。
- 前方自动防护（AP）的末端。
- 防护区域（紧急停车区域 ESA 和 PSD 区域）。
- 在轨道描述中定义的轨道末端。

- 前方第一个限制信号。
- 前方第一个防护区段（Overlap）末端。
- 前方第一个非受控道岔。
- 缓冲区域。

7. 向联锁提供状态信息

本功能的目的在于为联锁提供下列信息：
- 列车停稳。
- 列车越过信号机。
- ATP/ATO 区段占用。
- 次级检测设备故障切除。
- 非 CBTC 接近点灯。

此功能在后备模式下不可用。

8. 管理临时限速

本功能的目的在于对整条线路的临时限速（TSR）进行处理，并将 TSR 发送到列车。TSR 用于在某些区域提供速度限制，该限制速度比永久限速中给出的速度更低。本功能包括：
- 由调度员通过 ATS 添加 TSR、取消 TSR 和变更 TSR。
- 计算 TSR 的版本。
- 将这些 TSR 发送到列车。
- 向 ATS 发送 TSR 状态。
- 如果 CC 在 5 min 内未能从 LC 收到临时限速信息，将执行最严格的临时限速。

此功能在后备模式下不可用。

9. 监控列车速度

本功能确保列车的速度不超过最低的速度限制。
当超过了如下速度时，会触发紧急制动。
- 对每一种驾驶模式（RM，ATP 或 ATO）定义的最大速度。
- 永久限速。
- 临时限速。

10. 监控列车能量

能量监控确保列车动能和势能总和能被制动力吸收，以符合列车前方的速度限制（速度限制及 EOA）。

11. 监控列车间隔

本功能对下列内容进行检验：
- 限制停车点：未超越目标点。
- 道岔分岔处：道岔没有失去表示，且不会改变位置。
- 列车倒溜距离不超过 0.5 m。
- 列车在 RMR 最大允许后退距离为 5 m。

列车在 RMR 模式后退速度超过 5 km/h 时，触发紧急制动。

12. 管理紧急停车区域

在 ATP 和 ATO 模式下，可以触发紧急停车区域。

SGD（轨道描述）中给出了紧急停车区域（范围为站台区域）的描述。从 ZC 接收到的相关变量给出了该区域的状态。

本功能可为列车监控紧急停车区域（ESA）的变量。

本功能的目的是当与 ESA 相关变量设置为限制性时，对进入 ESA 进行保护，并禁止 ESA 内 ATO 模式或 ATP 模式下列车的运行。对 ESA 相关的变化状态的计算是通过触发站台紧急关闭按钮进行的。

ESA 触发后，只要列车没有完全离开站台区域，将一直处于激活状态。

此功能在后备模式下不可用。

13. 管理站台屏蔽门

本功能的目的在于，在站台区域无线通信正常的情况下：
- 当站台屏蔽门未确认为关闭或锁定时，防止列车进入该侧站台。
- 执行屏蔽门相关命令。
- 确保不允许列车运行，直到 PSD 被关闭并锁定。
- 向 CC 提供 PSD 变量，从而允许列车根据 PSD 开/闭状态管理自身的运行。
- 当 PSD 旁路时，向列车提供允许的 PSD 变量（⇔ PSD 关闭）。

在后备模式下，只在无线通信正常的情况下可用。

14. 检测在站台安全停车

本功能的目的在于：
- 确定列车正确停站（-/＋0.5 m）。
- 在列车正确停站后，向列车发出保持静止不动指令。
- 当未授权列车离站时，保持列车安全静止不动。

15. 管理列车车门

本功能的目的在于：
- 允许打开列车车门（左边和/或右边）。

- ➢ 执行列车车门命令。
- ➢ 确保直到关闭并锁定车门后才允许列车运行。

16. 授权离站

本功能的目的在于：
- ➢ 核查是否满足所有授权列车驶离站台的条件（屏蔽门和列车门的关闭状态）。
- ➢ 如果下一停车点离车站太近，保持列车停在站台。

17. 通知乘客

列车应向车载 PIS 提供下列信息，以通知列车乘客：
- ➢ 预到站信息。
- ➢ 离站信息。

18. 确定驾驶模式

本功能的目的在于：
- ➢ 确定列车选择的驾驶模式。
- ➢ 确定可用的驾驶模式。

各种驾驶模式之间可采用人工转换，在某种情况下也可自动转换，各种驾驶模式之间转换需要具备的条件见表 4-2。

表 4-2 驾驶模式之间转换

原驾驶模式	转换后驾驶模式			
	ATO	ATP	RM	NRM
ATO		无论列车处于运行或停车状态，司机都可使列车立刻处于该模式	正线需停车后人工转换；出入段/场线转换轨，当速度低于 25 km/h 时可停车或不停车转换	驾驶员确认列车停车后，使用 ATP/ATO 切除开关切除 ATP/ATO
ATP	列车处于运行或停车状态，司机均可使列车处于该模式		正线需停车后人工转换；出入段/场线转换轨，当速度低于 25 km/h 时可根据用户需要配置成停车或不停车转换	驾驶员确认列车停车后，使用 ATP/ATO 切除开关切除 ATP/ATO
RM		列车获得定位并接收到正确的移动授权后，自动转换为该模式		驾驶员确认列车停车后，使用 ATP/ATO 切除开关切除 ATP/ATO
NRM			车载 ATP 设备可用时，列车停车后，驾驶员将 ATP/ATO 切除开关恢复至 ATP/ATO 正常位	

19. 管理驾驶室活动

本功能的目的在于：
- 确定主控驾驶室。
- 对列车内 ATP/ATO 设备的可用性进行管理。

20. 驾驶室内详细情况显示

本功能的目的是为列车驾驶室内司机台显示提供指示内容。
详见"DMI 描述文件"。

21. 管理跳停

本功能的目的在于确定列车是否需要在下一站停车或在下一站跳停。
- 在 ATO 或 ATP 模式下，根据从 ATS 收到的列车移动指令，CC 应决定下一站是否跳停。
- 列车正确停靠在站台时，CC 接收 ATS 发出的列车移动指令。
- CC 判断下一站需要跳停后，在 DMI 上显示的下一站名称发生变更。

此功能在后备模式下不可用。

22. 管理 ATS 扣车

本功能用于按照 ATS 命令执行站内扣车和取消扣车。
- 在 ATO、ATB 或 ATP 模式，根据从 ATS 接受到的扣车指令，CC 应执行是否应在当前站台或在下一站台进行扣车。
- 列车正确停靠在站台时，CC 接收 ATS 发出的扣车指令。
- CC 收到扣车命令后，在 DMI 上显示目标速度为 0。
- CC 收到扣车命令后，不授权列车离站。

此功能在后备模式下不可用。

23. 管理列车折返

在 ATO、ATB 或 ATP 模式，CC 应在 DMI 上通知司机，需要在当前（或下一个即将到达的）停车区域换端。

此功能在后备模式下不可用。

24. 管理离站时间

在 ATO、ATB 或 ATP 模式，根据从 ATS 接收到的列车移动指令，CC 应决定是否在当前站台定义发车时间，否则不管理发车时间。

在 ATO、ATB 或 ATP 模式，如果已定义了发车时间，且没有扣车请求，CC 应通过 DMI 在发车前通知司机剩余时间。

本功能负责根据下列信息确定当前站台预计的列车离站时间（剩余时间）：
- 当前时间。

- 由 ATS 发送的发车时间。
- 离站授权。
- 站内扣车。

此功能在后备模式下不可用。

25. 生成发车命令

本功能的目的是在所有条件都满足时，生成发车命令。
这些条件包括：
- 离站授权。
- 发车时间。
- 扣车状态。

此功能在后备模式下不可用。

26. 管理列车主动识别

本功能负责管理列车识别，用于 ATS 列车监控。列车应向 ATS 发送主动列车识别（PTI）信息。

此功能在后备模式下不可用。

27. 根据安全限制确定速度曲线

ATO 模式下，本功能将给出详细的速度曲线，使 ATP/ATO 在不触发 EB 的情况下驾驶列车。

28. 根据运营限制确定速度曲线

在 ATO 模式下，本功能给出允许 ATP/ATO 在功能限制条件下驾驶列车的速度曲线。这些功能限制点包括：
- 运营停车点（车站和换头区域）。
- 下一站的到达时间（区间运行时间）。

此功能在后备模式下受影响。

29. 集成调整命令

在 ATO 模式下，本功能会详细给出允许 ATP/ATO 按照调整限制条件驾驶列车的速度曲线。这些功能限制条件包括：
- 到站时间。
- 最大牵引力和制动力限制。

此功能在后备模式下不可用。

30. 计算牵引和制动命令

在 ATO 模式下，本功能给出驾驶列车采用的牵引和制动命令。

31. 同　步

本功能的目的在于确保 ATP/ATO 各设备的时钟同步。
此功能在后备模式下受影响。

32. 监督列车特征

本功能的目的在于：
- 确定 ATP/ATO 设备安装在哪种列车上。
- 根据列车类型确定列车特征。

33. 管理 ATP/ATO 数据及软件版本

本功能的目的在于控制 ATP/ATO 子系统管理的各版本，包括 ATP/ATO 数据版本和 ATP/ATO 软件版本。
此功能在后备模式下不可用。

34. 管理通信

本功能的目的在于对 ATP/ATO 和其他子系统之间的通信进行管理。
此功能在后备模式下受影响。

35. 处理管理功能

本功能的目的是管理 ATP/ATO 设备操作的管理权限。
此功能在后备模式下受影响。
所有功能分布见表 4-3。

表 4-3　ATP/ATO 功能分布

功　能	ZC	LC	CC	Beacon	LEU
保证行车安全					
F1.1：更新轨旁动态信息	x				
F1.2：列车定位					
F1.2.1：确定驾驶移动情况			x	x	
F1.2.2：定位轨道上的列车			x	x	
F1.3：管理主动列车检测					
F1.3.1：计算自动防护	x				
F1.3.2：更新轨道占用信息	x				
F1.4：设置和处理移动授权限制	x		x		x
F1.5：向联锁提供状态信息	x				
F1.6：管理临时限速		x	x		

续表

功　能	ZC	LC	CC	Beacon	LEU
F1.7：监控列车					
F1.7.1：计算及监控列车速度			x		
F1.7.2：监控列车能量			x		
F1.7.3：监控列车间隔			x		
F2：保护和辅助乘客					
F2.1：管理紧急停车区域	x		x		
F2.2：管理站台屏蔽门	x		x		
F2.3：检测站台安全停车			x		
F2.4：管理车门			x		
F2.5：授权离站	x		x		
F2.6：通知乘客					
F3：辅助驾驶操作					
F3.1：确定驾驶模式			x		
F3.2：管理驾驶室活动			x		
F3.3：驾驶室内详细情况显示			x		
F4：辅助驾驶					
F4.1：管理列车运行					
F4.1.1：实现ATP/ATO调整					
F4.1.1.1：管理跳停			x		
F4.1.1.2：管理ATS扣车			x		
F4.1.1.3：管理列车换头			x		
F4.1.1.4：管理发车时间			x		
F4.1.1.5：生成发车命令			x		
F4.1.2：在车站管理列车			x		
F4.1.3：管理主动列车标识			x		
F4.2：驾驶列车					
F4.2.1：根据安全限制确定速度曲线			x		
F4.2.2：根据运营限制确定速度曲线			x		
F4.2.3：集成调整命令			x		
F4.2.4：计算牵引和制动命令			x		
F5：提供技术支持功能					

续表

功　能	ZC	LC	CC	Beacon	LEU
F5.1：ATP/ATO 同步	x	x	x		
F5.2：监督列车的特性			x		
F5.3：管理 ATP/ATO 数据和软件版本	x	x	x		
F5.4：维护 ATP/ATO	x	x	x	x	x
F5.5：管理通信	x	x	x		
F5.6：处理管理功能		x			

【复习思考题】

1. 简述卡斯柯 ATP 系统车载设备的组成。
2. 简述车载控制器 CC 的组成及功能。
3. 简述信标天线的作用及工作原理。
4. 简述编码里程计的作用及工作原理。
5. 人机界面 DMI 区域如何划分？
6. 简述卡斯柯 ATP 系统轨旁设备的组成。
7. 简述区域控制器 ZC 的组成及功能。
8. 简述信标子系统的组成及功能。
9. 列车离站时间由哪些信息确定？
10. ATP 系统向联锁提供哪些状态信息？

项目 5 ATP 系统维护流程及检修标准

[以众合科技（安萨尔多）ATP 系统为例]

【项目描述】

1. 速度传感器的技术要求及维护工艺标准。
2. TIA 天线及连接电缆的技术要求及维护工艺标准。
3. 加速度计及连接电缆维护工艺标准。
4. CC 机柜、TOD 显示屏、MR 及连接线及动、静态信标维护工艺标准。
5. ZC 维护工艺标准。
6. FRONTAM 维护工艺标准。

【项目目标】

1. 了解速度传感器的技术要求及维护工艺标准。
2. 了解 TIA 天线及连接电缆的技术要求及维护工艺标准。
3. 了解加速度计及连接电缆维护工艺标准。
4. 了解 CC 机柜、TOD 显示屏、MR 及连接线及动、静态信标维护工艺标准。
5. 了解 ZC 维护工艺标准。
6. 了解 FRONTAM 维护工艺标准。

典型工作任务 1 车载子系统维护

【工作任务】

1. 了解速度传感器的技术要求及维护工艺标准。
2. 了解 TIA 天线及连接电缆的技术要求及维护工艺标准。
3. 了解加速度计及连接电缆维护工艺标准。
4. 了解 CC 机柜、TOD 显示屏、MR 及连接线及动、静态信标维护工艺标准。

【知识准备】

一、速度传感器

1. 技术要求

测速范围：0～2 000 r/min；

每转脉冲数：外轨 128 P/R；

输出通道数：6；

输出波形：方波；

输出幅度：高电平≥9 V（负载电阻 3 kΩ），低电平≤2 V；

脉冲占空比：50%±20%；

脉冲相位差：90°±45°面向出轴顺时针旋转，CH1 超前 CH2，CH3 超前 CH4；其他相位差要求请于订货时说明；

工作电源：DC12～30 V；

功耗电流：≤40 mA（每通道）；

电路保护：具有极性、过热、输出短路等保护功能；

故障安全性：当传感器故障时，其输出信号为恒高、恒低电平，不会输出其他电平，更无振荡信号输出；

耐压：1 500 V/50 Hz，1 min（通道对外壳）；500 V 50 Hz，1 min（各通道间）；

绝缘电阻：正常情况下≥500 MΩ，极端湿热情况≥20 MΩ（通道对外壳及各通道间）；

工作温度：-40～70 ℃；

耐振性能：振动 30 g，冲击 200 g（DIN40046）；

密封性：能承受雨、雪、风、沙（IP66，非安装面）；

MTBF：>100 000 h；

自带护套电缆长度 L：1.22 m；

质量：约 3.5 kg（包括自带护套电缆）。

2. 工艺标准

表 5-1 速度传感器维修保养工艺标准

修程	周期	检修内容	检修方法	检修标准
日常保养	日	1. 安装装置检查。 2. 检查设备外表。 3. 设备清洁	1. 手动检查安装装置。 2. 用专用工具对各部螺丝进行紧固。 3. 清扫设备外部	1. 传感器及插接盒安装牢固、连接电缆固定良好、弯曲半径符合标准、传感器的电缆没有超出车辆的限界范围。 2. 各部螺丝紧固良好。 3. 设备外部无灰尘、油渍

续表

修程	周期	检修内容	检修方法	检修标准
二级保养	季	1. 外观检查。 2. 安装装置检查。 3. 检查设备外表。 4. 设备外部清洁	1. 目测设备外观。 2. 手动检查安装装置。 3. 用专用工具对各部螺丝进行紧固。 4. 清扫设备外部	1. 设备外观良好，无破损、脱漆，标识清晰正确。 2. 传感器及插接盒安装牢固、连接电缆固定良好、弯曲半径符合标准、传感器的电缆没有超出车辆的限界范围。 3. 各部螺丝紧固良好。 4. 设备外部无灰尘、油渍
小修	年	同二级保养内容		
		1. 设备除锈 2. 速度传感器工作状态测试	1. 对锈蚀的设备、装置进行除锈 2. 在试车线动车测试，连接 MCT 检测的速度传感器工作参数值正常	1. 除去锈点及漆斑使设备无锈蚀平顺。 2. MCT 检测的速度传感器工作参数值正常

二、TIA 天线及连接电缆

1. 技术要求

（1）TIA 中心到车钩的距离 1 号线为（2369±5）mm，2 号线为（2544±5）mm（成都地铁）。

（2）TIA 安装在车辆纵向轴的中心处，边到边的误差范围为 ±5 mm。

（3）TIA 的安装高度距离轨面为（300±10）mm。

（4）TIA 的同轴电缆直接连接到查询器主机。

（5）使用十字水平仪检查 TIA 的纵向和水平方向的水平程度

（6）在 TIA 接受信号范围内没有金属物质。

2. 工艺标准

表 5-2 TIA 维修保养工艺标准

修程	周期	检修内容	检修方法	检修标准
日常保养	日	1. 安装装置检查。 2. 设备外观检查。 3. 设备清洁	1. 地线检查。 2. 目测设备外观。 3. 清扫设备外部	1. 地线连接良好，安装牢固、无锈蚀。 2. 设备外观良好，无破损、裂纹，标识清晰正确；TIA 接受信号范围内没有金属物质。 3. 设备外部无灰尘、油渍
二级保养	季	1. 安装装置检查。 2. 设备清洁。 3. 设备外观检查。 4. 设备外部检查。 5. 接收灵敏度测试	1. 地线检查。 2. 清扫外设备外部卫生。 3. 目测设备外观。 4. 手动检查各部螺丝进行紧固。 5. 测试接收灵敏度	1. 地线连接良好，安装牢固、无锈蚀。 2. 设备外部无灰尘、油渍。 3. 设备外观良好，无破损、裂纹，标识清晰正确；TIA 接受信号范围内没有金属物质。 4. 各部螺丝紧固，同轴电缆线连接良好、固定良好；TIA 天线、地线安装牢固。 5. TIA 天线接收信号距离

续表

修程	周期	检修内容	检修方法	检修标准
小修	年	同二级保养内容		
		1. 设备安装规范测试。 2. 同轴电缆状态检查。 3. TI工作状态测试	1. 测试 TIA 相关安装数据。 2. 同轴电缆功率测试。 3. 在试车线动车测试,连接 MCT 检测的 TI 读取信标工作参数值正常	1. TIA 安装在车辆纵向轴的中心处,边到边的误差范围为 +/−5 mm;TIA 的安装高度距离轨面为(300±10)mm;使用十字水平仪检查 TIA 的纵向和水平方向的水平程度。TIA 天线地线检查。 2. TIA 端同轴电缆为 0.02~0.04 W。 3. MCT 检测的 TI 读取信标工作参数值正常

三、加速度计及连接电缆

每个 CC 设置 4 个加速度计,包括两个数字型,两个模拟型,安装在 CC 机柜底部。这两套设备互为冗余,用于提高系统的有效性和可靠性。模拟和数字设备的厂家不同,这样做是为了消除共模错误。通过这两套设备交叉检查测量来保证系统的安全。每套有两个不同的加速度计。两套设备提供高可用性。必须对每套加速度计做一个比较,以确认输出的有效性。空转/滑行开始时,列车使用空转/滑行开始前的速度,利用加速度仪进行补偿,来计算当前的速度和位置。一旦空转/滑行结束,速度和位移的测量将切换回速度传感器。

两套加速计为冗余结构,每一套包含两个不同型号、来自不同厂家的加速度计,所以 CC 容许某一个加速度计失效。当任一个加速度计故障后,不影响列车正常运行。当两个同型号的加速度计同时故障时,CC 将无法为列车防护功能提供加速度测量;当两个不同型号的加速度计同时故障时,根据它们在系统中的位置,CC 仍然可以提供加速度测量。如速度传感器和加速度计,组合方式为 Acc1A 和 Acc2B、Acc2A 和 Acc1B、Acc2A 和 Acc2B。所以,如果故障组合方式不是上述组合,将影响 CC 的运行。当加速度测量无效时,CC 能继续测量列车的速度和列车的位移,在滑行情况下,不能以加速的方式进行补偿。引入的额外位置不确定。只要列车的位置的不确定距离低于最大极限值(30 m),列车将保持定位并继续正常运行。加速度计维修保养工艺标准见表 5-3。

表 5-3 加速度计维修保养工艺标准

修程	周期	检修内容	检修方法	检修标准
日常保养	日	1. 安装装置检查。 2. 设备外部检查。 3. 设备清洁。 4. 外观检查	1. 手动检查安装装置的牢固情况。 2. 检查设备外部情况。 3. 清扫设备。 4. 目测设备外观	1. 安装牢固,方正、平直。 2. 安装稳固,各部螺丝紧固良好;配线整齐,无断线、接触不良、表皮破损等现象;各接头不松动,连接牢固,接触良好。 3. 清扫,设备外部无灰尘、油渍。 4. 设备外观良好,无破损、裂纹,标识清晰正确

续表

修程	周期	检修内容	检修方法	检修标准
二级保养	季	1. 安装装置检查。 2. 设备外部检查。 3. 设备清洁。 4. 外观检查	1. 手动检查安装装置的牢固情况。 2. 检查设备外部情况。 3. 清扫设备。 4. 目测设备外观	1. 安装牢固，方正、平直。 2. 安装稳固，各部螺丝紧固良好；配线整齐，无断线、接触不良、表皮破损等现象；各接头不松动，连接牢固，接触良好。 3. 清扫，设备外部无灰尘、油渍。 4. 设备外观良好，无破损、裂纹，标识清晰正确
小修	年	同二级保养内容		
		1. 加速度计工作状态测试。 2. 故障冗余测试	1. 在试车线进行动车测试，测试需连接MCT。 2. 人工模拟1块加速度计故障	1. MCT检测的加速度计工作参数值正常。 2. 任一加速度计故障时CC仍将正常工作

四、CC机柜

表 5-4　CC机柜维修保养工艺标准

修程	周期	检修内容	检修方法	检修标准
日常保养	日	1. 检查设备外表。 2. 设备清洁。 3. 检查设备运转状态，有无异状。 4. 检测并下载车载日志记录。 5. 安装装置检查。 6. 设备外部检查	1. 目测设备外观。 2. 清扫设备。 3. 开主控钥匙，观察显示屏显示，并根据检修内容目测柜内板卡模块灯显示是否正确，检查NRM模式是否可用。 4. 使用MCT读取上线列车（包括备用）的故障信息及紧急制动数据，读取后删除车载设备的记录。 5. 检查设备外部情况	1. 设备外观良好，无破损、裂纹，标识清晰正确。 2. 清扫，设备外部无灰尘、油渍。 3. 设备显示标准参照车载维护手册。 4. 不能漏读，把所有上线列车（包括备用）的故障信息及紧急制动数据都读取。 5. 手动检查所有部件均正确，且插接、固定良好；各部螺丝紧固，各设备、板卡安装牢固、插接良好；各设备连接线缆固定良好；各地线连接良好，安装牢固、无锈蚀。 6. 设备固定良好，无螺丝松动，无晃动
二级保养	季	同日常保养内容		
		1. 外观检查。 2. 机柜清扫、整理。 3. 标识检查。 4. 安装装置检查。 5. 风扇检查。	1. 检查设备外表情况。 2. 进行机柜清扫、整理。 3. 检查设备标识。 4. 检查设备安装装置。 5. 开机试验风扇的工作状态。	1. 设备外观良好，无破损、脱漆，标识清晰正确。 2. 柜内各机笼、机架、风扇、设备面板、端口、接口、表示灯，清洁无灰尘；各部配线整齐，绑扎良好，工艺标准美观。 3. 设备（板卡）铭牌及标示位置统一适当，标示齐全、清楚、正确。

续表

修程	周期	检修内容	检修方法	检修标准
二级保养	季	6. 地线检查。 7. 工作状态检查。 8. 静态测试。 9. 设备外部检查。	6. 检查地线是否良好。 7. 开机试验检查CC机柜工作状态。 8. 使用相关工具进行测试。 9. 手动检查设备外部情况	4. 清洁完毕后所有部件均正确恢复原位，且插接、固定良好；各部螺丝紧固，各设备、板卡安装牢固、插接良好；各设备连接线缆固定良好；各地线连接良好，安装牢固、无锈蚀。 5. 风扇运转良好，必要时加注润滑油。 6. 地线连接良好，安装牢固、无锈蚀。 7. 启机成功后目测CC机柜内各板卡指块灯显示是否正确（有无错误亮灯情况，有无红色报警显示、闪亮频率是否正确）；开主控钥匙，观察TOD显示屏检查CC工作是否正常。 8. 使用MCT对CC机柜进行状态测试。 9. 设备固定良好，无螺丝松动，无晃动
	半年	1. 清洁整理	同二级保养 1. 清洁印刷电路板及插槽	1. 印刷电路板清洁无灰尘，保证电路板正常工作
小修	年	1. 电源测试。 2. 动态测试	同二级保养内容 1. CC机柜车辆电源测试。 2. 在试车线进行动车测试，连接MCT检查的CC机柜的工作状态正常	1. CC机柜车辆电源电压正常。 2. 检查CC机柜工作状态正常

每个CC包含1个移动通信系统（MR），1个查询器主机（TI），两套自动列车防护和运行（ATP/ATO）机笼，两个模拟加速度计，两个数字加速度计，3个安全继电器和连接器（用于和列车系统接口）。

车载控制器安装要求：① 司机室内底部距离车辆地板不超过300 mm的安全的硬性平台；② 垂直安装；③ 足够的机械整体。

五、TOD显示屏

列车操作显示器（TOD）是列车操作控制台（驾驶室）的一部分，提供驾驶员和车载控制系统之间的人机交互界面。TOD向列车驾驶员提供运行模式、故障、操作等信息。

TOD软件采用嵌入式Linux系统平台，运行于DEUTA公司的MFT-L11硬件平台上。MFT-L11带有触摸屏，安装于列车两端。TOD软件通过高可靠性的双通道传输（BIM_P）协议与当前活动的车载设备进行通信。

TOD通常作为复杂控制和导向系统的人机交互界面。TOD显示处理中的数据并接收来自驾驶员的输入。数据可以通过触摸屏进行输入。MFTL11基于使用GEODE处理器的单板机（"嵌入式PC"）。TOD的显示屏是1块10.4英寸的有源矩阵彩色显示器（TFT）。

TOD 显示屏维修保养工艺标准见表 5-5。

表 5-5 TOD 显示屏维修保养工艺标准

修程	周期	检修内容	检修方法	检修标准
日常保养	日	1. 启动检查。 2. 外观检查。 3. 故障报警检查	1. 检查设备运转状态，有无异状，显示是否清晰。 2. 外观无机械损伤，外部清扫。 3. 读取显示屏上的故障信息	1. 启动时正常响应车载 ATP/ATO 系统要求，各表示正确。 2. 显示正常，图像清晰、色彩鲜艳、光暗度对比度适中，检查设备外表是否有裂纹、刮花或破损等现象，如果有，应根据损坏程度作出适当的处理。TOD 安装方正、稳固不松动，设备表面及背部干净、清洁、无灰尘及油渍。 3. 查看故障信息，做好记录，并分析
二级保养	半年	1. 外观检查。 2. 安装检查。 3. 状态检查	同日常保养内容	
			1. 检查设备外观正常。 2. 检查设备安装装置良好。 3. 检查设备状态正常	1. 检查显示器外观是否有裂纹、刮花或破损等现象；设备标识、铭牌，清晰、正确；各部清扫，干净无灰尘。 2. 安装螺丝齐全、无松动、锈蚀、滑丝、缺损；TOD 安装方正、稳固不松动；数据线、电源线连接牢固，接触良好。 3. 启动时正常响应车载系统要求，表示正确；图像清晰、色彩鲜艳、明亮度对比度适中、无斑点、无灼屏；点触显示屏反应灵敏，相关数据及列车实时状态表示正确；报警器工作正常、音量适中
小修	年		同二级级保养内容	
		1. 检查接插件是否牢固，接口是否良好。 2. 输入电源测试。 3. 动态测试	1. 采用眼看、手动检查设备外观。 2. 测试 TOD 输入电源电压 3. 在试车线进行动车测试，观察 TOD 工作状态正常	1. 各部件、接口的螺丝应紧固，连接线应连接牢固，无断线、无接触不良，表皮无破损。 2. TOD 输入电源电压值正常。 3. 观察 TOD 工作状态正常

六、MR 及连接线

表 5-6 MR 维修保养工艺标准

修程	周期	检修内容	检修方法	检修标准
日常保养	日	1. 外观检查。 2. 状态检查	1. 检查设备外观正常。 2. 检查设备状态正常	1. 设备外观良好，无破损、裂纹，标识清晰正确。 2. 设备运行状态良好，工作指示灯显示正确

续表

修程	周期	检修内容	检修方法	检修标准
二级保养	半年	1. 安装检查。 2. 设备清洁。	同日常保养内容	
			1. 检查设备安装装置良好。 2. 清扫设备。	1. 安装螺丝齐全、无松动、锈蚀、滑丝、缺损;数据线、电源线连接牢固,接触良好。 2. 清扫,设备外部无灰尘、油渍。
小修	年	1. 动态测试	1. 在试车线进行动车测试,连接MCT检查的MR工作状态正常	1. 连接MCT检查的MR工作状态正常

七、动、静态信标

技术规范:
  ➢ 动、静态信标及支架安装方正、牢固、不晃动。
  ➢ 动、静态信标箱盖应密封良好,且开启灵活,各部位螺栓紧固、无锈蚀。
信标维修保养工艺标准见表5-7。

表5-7 信标维修保养工艺标准

序号	周期	工作内容	检修标准
1	年	1. 外观检查	1. 检查信标的防护罩外壳良好,无明显的凹陷、破裂或其他可见的损伤。 2. 信标表面无积尘或污垢,四周30 cm内无金属物件。 3. 安装支架位置没有偏移,紧固螺丝状态良好,各部件无锈迹。 4. 检查固定电缆的螺栓和电缆防护橡皮软管是否破裂、作用良好
		2. 配线检查	1. 接线端子安装牢固,配线接触良好。 2. 配线整齐无破皮、磨卡、老化
		3. 地线检查	1. 接地电阻一般不大于10 Ω。 2. 电缆对地绝缘电阻不小于5 MΩ
		4. 动态信标开盖检查,测试工作电压	工作电压在标准范围内DC24(1±5%)V

信标系统主要由3部分组成:定位读写器、定位天线、信标。其中信标包括两种类型:无源信标和有源信标。当机车在运行过程中,通过安装在机头和/或机尾的定位读写器、定位天线,对安装于枕木上的信标完成识别,定位读写器将识别结果上传给上位处理器,从而达到目标识别和定位的目的。为此,要达到上述目的,上位处理器(包括应用软件)、定位读写器、定位天线、信标,任何一个在系统运行过程中出现问题,都有可能造成对某个点甚至是所有点定位的失败。

信标系统的维护方法分为两种：常规维护和动态维护。

1. 常规维护

常规维护是指按照事先制订的计划和方法，对信标系统的各项设备进行例行的测试和检查。

每隔半年检查信标（包括有源信标）的外观是否有破损；信标安装的周围环境是否发生变化；表面是否有覆盖物；安装是否牢固；安装角度是否发生变化。

每隔半年检查有源信标的外部供电电缆是否有破损；接头处的连接是否有松动或者异样的情况。

每隔半年检查定位天线的外观是否有破损；天线安装的周围环境是否发生变化；表面是否有覆盖物；安装是否牢固；安装角度是否发生变化；定位天线与定位读写器之间的微波电缆外观是否有破损；微波电缆与定位天线之间的接头连接是否牢固，防水处理是否仍然有效。

每隔一年检查上位处理器、定位读写器、定位天线三者之间的所有电缆连接线连接是否完好、接头是否松动。

2. 动态维护

动态维护是指根据系统在实际运行过程中的实际数据，在对数据进行汇总、统计、分析之后，达到对信标系统各项设备的动态监管和维护的目的。

对于一个实际运营的系统，动态维护方法往往比常规维护更有效，更能够提早发现、定位故障。

信标系统的动态维护方法是将某个固定时间段内，所有实际运行的机车上的定位读写器对所有信标的识别数据进行汇总、统计，根据结果得出各项设备的工作状态，从而达到有效的维护目的。"某个固定时间段"可以是一天、几天或者一个月、几个月，用户可以根据实际情况，自行确定"某个固定时间段"的长短。

数据统计结果可对照表 5-8，实现对设备故障的定位、诊断。

表 5-8 信标常见故障分析

序号	故障现象	现象补充说明	故障定位	故障分析	解决方案
1	某点信标一直无法识别	所有机车上的读写器均如此	某点信标	信标失效	更换
2				信标周围，特别是上面覆盖有金属类物体	清理信标周围环境
3				信标安装错误，特别是极化方向	按正确方法重新安装，特别是注意与定位天线之间的极化关系
4				有源信标供电失效	检查有源信标的供电

续表

序号	故障现象	现象补充说明	故障定位	故障分析	解决方案
5	某点信标偶尔识别不到	所有机车上的读写器对该点的识别结果表现不一	某点信标	信标周围是否有金属类物体	清理信标周围环境
6				信标安装错误	按正确方法重新安装，特别注意是否保持在水平面上、安装周围是否有遮盖物
7				信标性能下降	如果上述两点仍未解决，则可考虑更换信标
8				有源信标供电偶尔失效	检查有源信标在系统需要供电的时候是否确保供电有效
9	机车上的某读写器只能识别部分信标	而其他机车上的读写器则能正常地全部识别	定位天线	定位天线损坏	检查定位天线外观是否有损坏现象，如有更换天线
10				定位天线上覆盖影响微波性能的物质，如金属类	检查定位天线上是否有一层含金属材质的覆盖层，予以清洗
11				定位天线内部结构发生松动，特别是接头部分	更换天线
12			定位天线与读写器之间的微波电缆及接头	定位天线与读写器之间的微波电缆接头接触不良或进水	处理接头
13				定位天线与读写器之间的微波电缆破损	更换微波电缆
14			定位读写器	如果此故障各项原因均不存在，而该读写器得出的识别结果一直与其他读写器差别很大，则需要重点检查该读写器的微波输出功率是否正常，请参照读写器说明书的步骤详细检查读写器的微波工作状态	按读写器说明书检查读写器各项指标，特别是微波输出
				定位读写器电源适配器工作不稳定	确保读写器有稳定的（13.5±1.0）V DC
15			上位处理器	因 RS232 串行通信原因，未收到识别结果或者软件系统未记录	检查串行通信线连接是否牢固，接头是否松动
16	机车上的某读写器不能识别所有信标	而其他机车上的读写器则能正常地全部识别	定位天线	定位天线损坏	检查定位天线外观是否有损坏现象，如有更换天线
17				定位天线内部结构发生松动，特别是接头部分	更换天线

续表

序号	故障现象	现象补充说明	故障定位	故障分析	解决方案
18	机车上的某读写器不能识别所有信标	而其他机车上的读写器则能正常地全部识别	定位天线与读写器之间的微波电缆及接头	定位天线与读写器之间的微波电缆接头接触不良或进水	处理接头
19				定位天线与读写器之间的微波电缆断裂	更换微波电缆
20			定位读写器	如果此故障各项原因均不存在,而该读写器得出的识别结果一直与其他读写器差别很大,则需要重点检查该读写器的微波输出功率是否正常,请参照读写器说明书的步骤详细检查读写器的微波工作状态	按读写器说明书检查读写器各项指标,特别是微波输出
21				定位读写器电源适配器失效	更换电源适配器,确保读写器有稳定的(13.5 ± 1.0) V DC
22				定位读写器主电源开关关闭	打开读写器主电源开关
23				定位读写器保险烧坏	更换保险
24				因定位读写器内部电池失效,造成设置信息丢失,诸如:日期、时间、波特率等等	送回原厂家维护
25			上位处理器	因RS232串行通信原因,未收到识别结果或者软件系统未记录	检查串行通信线连接是否牢固,接头是否松动
26				因应用软件未工作或者工作不正常,造成识别结果未记录	检查应用软件

八、案例分析

1. 案例 1

图 5-1 为成都地铁 2 号线出入段线信号设备布置图,如图所示:列车出段时在 X2605 信号机前停车转换驾驶模式,转换成功后以 IATP 模式进入正线运行,现有多列车在 X2609 信号机前出现掉码现象,请根据图 5-1 详细分析可能造成列车掉码的故障原因。

分析:列车在 X2609 信号机前掉码,除 CC 内部软件故障造成外,主要原因是由于 CC 未接收到动态信标 DT2609R 的移动授权,造成此现象的原因较多,主要列举如下:

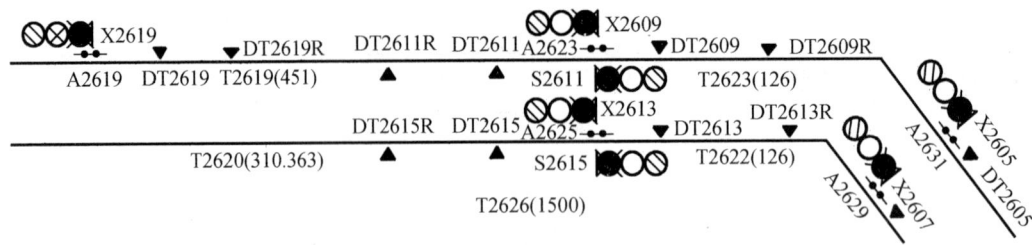

图 5-1 成都地铁 2 号线出入段线信号设备布置图

（1）行调未开放 X2609 信号机。

（2）X2609 信号机已开放，动态信标 DT2609R 或相关电路故障，造车列车无法正常读取信标。

（3）X2609 信号机已开放，动态信标 DT2609R 或 TI 天线安装不标准，造车列车无法正常读取信标。

（4）X2609 信号机已开放，TI 功率不符合标准，造车列车无法正常读取信标。

（5）X2609 信号机已开放，TI 天线至 CC 内部信标读取线路中出现故障，造成列车无法正常读取信标。

2. 案例 2

接车场调度通知热备车 01 车 6 端 ATP-4 空开合上后自动跳开，造成空开无法闭合，CC 设备无法正常启动。请详细叙述如何判断和处理此故障？（重点分析如何快速区分是车辆故障还是信号故障以及当判定是信号故障时如何缩小故障范围。）

分析：造成空开合上后自动跳开的可能有：

（1）空开容量太小（此种可能可排除）。

（2）电路存在短路现象。

（3）空开硬件故障。

当接到通知后首先可判断是空开硬件故障还是电路故障，申请车辆停电后，尝试闭合空开，如果能合上则为电路故障，合不上则为硬件故障，可通知车辆专业更换空开。若是电路故障，要求车辆重新供电后，断开 CC 机柜的 P1 端子，然后闭合空开，如果闭合成功则判断 CC 机柜内有短路状态，属于信号故障；如果无法闭合则判断为车辆故障。当判定是信号故障时，可更换 ACSDV3，再次闭合空开，如果可以闭合则判定故障板卡为 ACSDV3，如果无法闭合则判断故障短路点在 P1 端子至机笼之间或者为 ACSDV3 供电电路短路故障。

典型工作任务 2 　 地面子系统维护

【工作任务】

1. 了解 ZC 维护工艺标准。

2. 理解 ZC 数据打包流程及重启操作步骤。

3. 了解 FRONTAM 维修工艺标准。

4. 了解 FRONTAM 数据打包、服务器重启、注销操作步骤。

【知识准备】

一、ZC

ZC 接收由其控制区内列车发出的位置信号,它负责根据所有已知障碍物的位置和运行权限来确定其区域内所有列车的运行权限。ZC 维修保养工艺标准见表 5-9。

表 5-9 ZC 维修保养工艺标准

修程	周期	检修内容	检修方法	检修标准
日常保养	日	查看设备运行状态	查看 SILAM 主机散热风扇。 查看 SILAM 的 KVM 设备。 查看模块指示灯	风扇转动时没有噪声,保持一定风量以起到散热作用,并且没有积尘。 SILAM 的 KVM 切换设备运行正常,切换查看显示正常,鼠标键盘灵活可用。 各模块的指示灯应显示正常
		查看设备外表	检查设备外表	查看设备外表是否有裂纹、刮花或破损等现象,如果有,应根据损坏程度作出适当的处理。 机柜、设备的标识和铭牌齐全、清楚、安装良好
	周	清洁	机柜外观清洁	机柜外部清洁无尘,无污渍
二级保养	季	地线检查	检查地线	地线连接良好,安装牢固、无锈蚀
		风扇防尘过滤网清洁	1. 取下 SILAM 主机前面板的灰尘过滤器,水洗去尘。 2. 使用湿润不掉毛不滴水的毛巾,清洁 ZC 机柜柜门上的风扇过滤器	1. SILAM 主机前面板的过滤器使用水洗,安装恢复前,应挤干水分,手持无水珠滴落方可安装回面板内;清洁后的过滤器应干净无尘垢。 2. 清洁后的 ZC 柜门过滤器应干净无尘垢,无残留积水
		风扇检查	将 PVF 的螺丝卸下,轻轻将 PVF 从机架拉出,检查 ZC 机柜风扇转动情况	目视八个风扇的转动情况,无卡滞。 耳闻无异常噪声。 手感能感受到正常风量。 一旦发现有风扇损坏,则应使用新的风扇组 PVF 进行更换
小修	年	机柜柜内清洁	使用毛刷、干毛巾、吸尘器清洁机柜内部	机柜内部清洁无尘
		柜内线缆、插接件检查	柜内主机及板卡线缆、插接件检查和紧固	主机前后面板、各板卡插接件及线缆安装牢固,无松动。 标示标号清晰易辨识

1. ZC 数据打包流程

ZC 主机进行重启前需要对运营数据进行打包收集。

（1）通过 KVM 键盘上的"UP"和"Down"键进行 SILAM 选择，000 对应为 SILAM1，001 对应为 SILAM2，开机密码：silam。

（2）切换到 windows 桌面，双击桌面"Launch & records zip"快捷方式，出现 3 个 Dos 窗口，Pcaptools（打包工具）开始工作。

（3）等待打包结束时，Dos 窗口会有提示。

（4）打包结束后方可进行 ZC 重启工作。

2. ZC 重启流程

区域控制器 ZC 在地铁运营期间需要处理的数据量较大，根据实际情况来看，长时间运行可能会造成设备运行不稳定，甚至造成 ZC 自锁，引起非常严重的后果。因此需要每隔一段时间对 ZC 设备进行重启操作。

操作步骤：

（1）依次按压 ZC 机笼背后的 3 个红色按钮，ZC 机笼关闭。

（2）30 s 后按压绿色按钮，完成 ZC 开启，如图 5-2 所示。

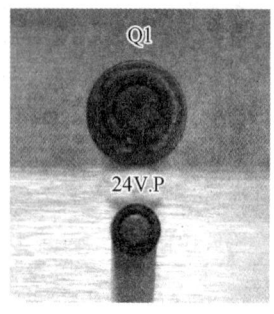
图 5-2　ZC 背部按钮图

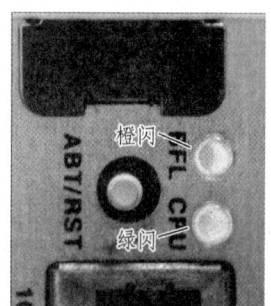
图 5-3　CCS 板正常工作状态

（3）检查各板卡（CCS 板、CME+板、CVO 板、CALS 电源板）状态是否正常，如图 5-3，5-4，5-5 所示。

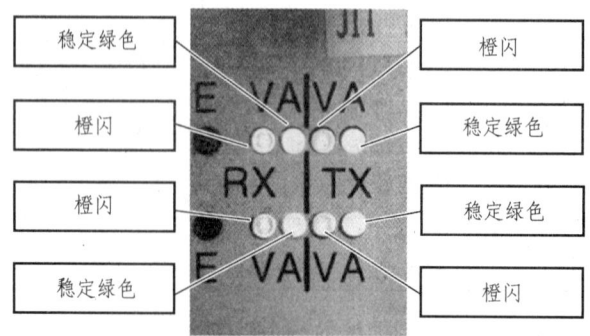
图 5-4　CME+板正常工作状态

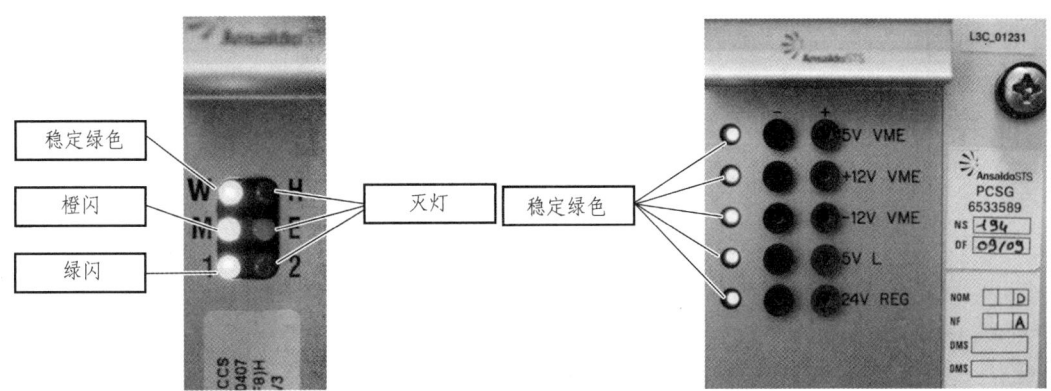

图 5-5　CVO 板、CALS 电源板正常工作状态

（4）确认联锁 CPU 板上状态指示灯 LED3 为灭灯，表示联锁与 ZC/Frontam 通信正常。

（5）ZC 开启完毕。

二、FRONTAM

1. 技术规范

FRONTAM 应实时处理 ATS 远程控制信息，并将其传递到相关设备，并且实时地向 ATS 传送设备状态信息。

FRONTAM 应收集设备状态和维护支持信息，为诊断和操作维护提供辅助和支持。FRONTAM 维修保养工艺标准见表 5-10。

表 5-10　FRONTAM 维修保养工艺标准

设备	修程	周期	检修内容	检修方法	检修标准
FRONTAM 机柜及内部设备	日常保养	日	FTM 运行状态检查；查看 FTM 机柜外观；查看 FTM 工作站显示状态	检查设备正面背面各指示灯状态及设备运行状态；查看机柜外表；FTM 工作站界面显示无告警，各设备通信状态正常	FTM 各个设备正面、背面各指示灯显示正常，设备运行状态良好；机柜表面清洁，无明显污渍，无明显裂痕或损坏痕迹；FTM 维护工作站画面显示正常，无告警等异常内容
		周	清洁	设备表面清洁	机柜外部清洁无尘，无污渍

设备	修程	周期	检修内容	检修方法	检修标准
FRONTAM机柜及内部设备	二级保养	季	线缆插接件紧固检查；KVM设备检查；重启FTM维护工作站	目视各个插接连接线头是否插接牢固，无松脱；日常保养检查各项内容；检查KVM单元显示器电源指示灯是否正常，滑出的键盘是否顺畅无卡阻，在检查键盘是否正常工作，鼠标指针移动是否正常；检查KVM开关背板上插接件是否牢固无松脱；重启FTM维护工作站	各个线缆、插接件插接牢固无松脱；KVM各部件工作正常；重启后的FTM工作站显示、操作正常
	小修	半年	FTM机柜风扇检查；机柜内外部清洁	清洗并检查各服务器主机及FTM的风扇过滤器，一旦发现有风扇损坏，则应使用新的风扇组进行更换；使用干毛巾、毛刷、吸尘器等对机柜内部以及各个设备表面进行清洁	FTM机柜风扇运行正常，无一损坏，无积尘，无卡阻，无异常噪声；机柜内部以及各个设备表面清洁无尘，无污渍

2. FRONTAM数据打包流程

（1）打开FRONTAM机柜中的KVM主机，选择"Up"和"Down"按钮进行服务器选择，如图5-6所示。

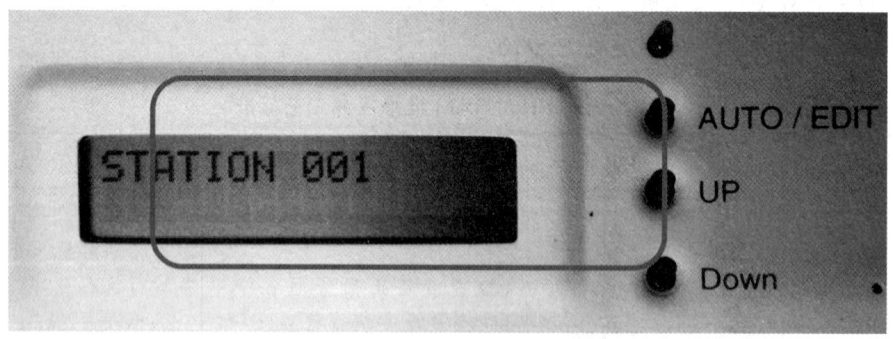

图5-6 FRONTAM机柜操作平台

红线框内会显示服务器编号。000对应为Archiving服务器，001对应为APP1服务器，002对应为APP2服务器。切换到001或002时，此时需按Ctrl+Alt+Delete后选择"FRONTAM"用户名并输入密码：ftm_10进入WINDOWS界面。

（2）在WINDOWS界面下，打开我的电脑，进入D盘，打开文件夹PcapTools，如图5-7所示。

项目 5　ATP 系统维护流程及检修标准

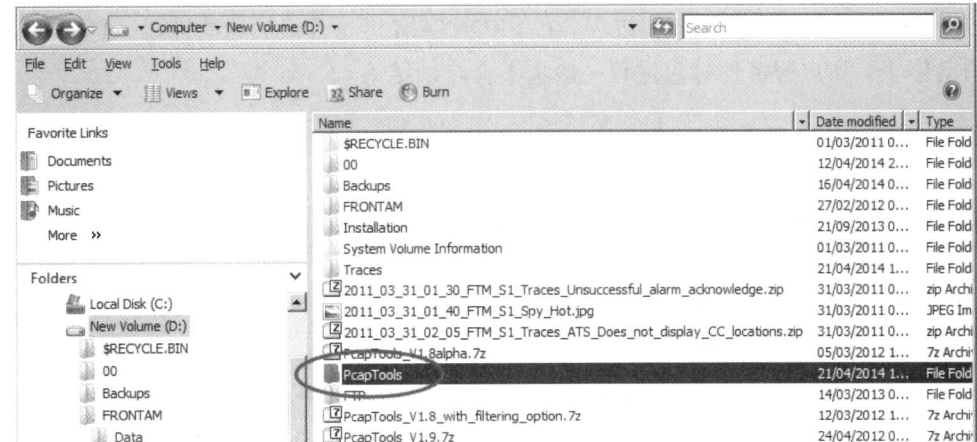

图 5-7　数据打包工具路径

找到 PcapTools.py 的快捷方式并双击，随后会出现下面窗口如图 5-8 所示。

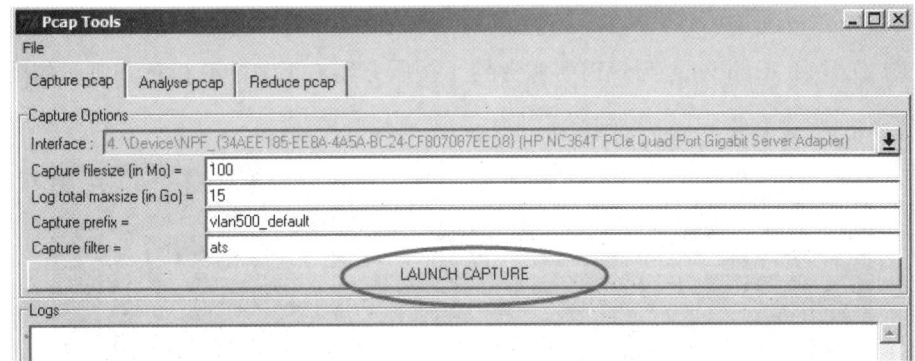

图 5-8　FRONTAM 数据打包工具

然后点击 LAUNCH CAPTURE，系统自动进行数据打包。

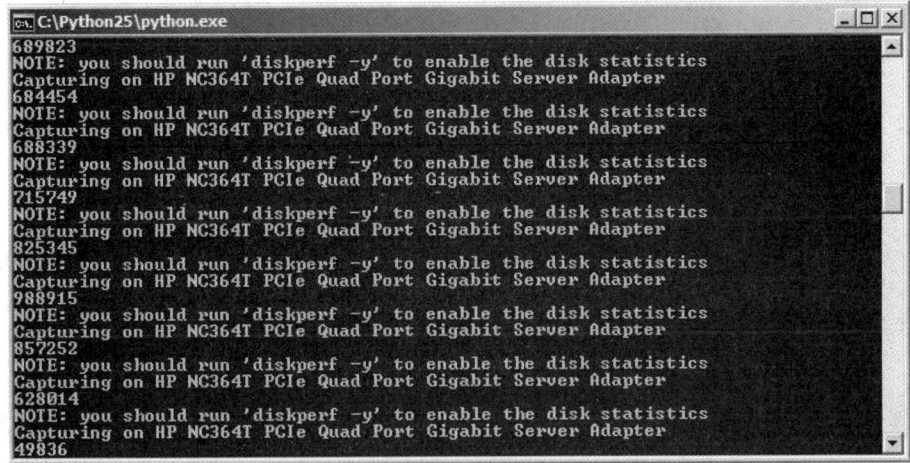

图 5-9　数据打包界面

图 5-9 所示内容是数据打包进程，在 FRONTAM 进行升级后这些进程一旦打开便不会自动停止，重启服务器打包进程一般也不会自动结束。

3. FRONTAM 服务器重启

在进行 Frontam 重启之前，需要将日志数据进行下载打包，结束后进行重启操作。

1）关闭服务器

（1）重启工作在 FRONTAM 机柜进行，通过按压"Up""Down"按钮选择对应服务器，000 对应为 Archiving 服务器，001 对应为 APP1 服务器，002 对应为 APP2 服务器。

（2）分别进入 Archiving 与 APP2 服务器，选择电脑用户名"FRONTAM"并登入，登录密码为"ftm_10"，按正常关闭电脑方法关闭这两台服务器，关闭时有个"comments"栏，在下面的文本框内输入"ok"以完成重启。

（3）待 Archiving 与 APP2 服务器关闭后，用相同方法关闭 APP1 服务器。

2）服务器开启

（1）先开启 Archiving 与 APP1 服务器（按服务器右下方的开机键开机，如图 5-10 所示）。

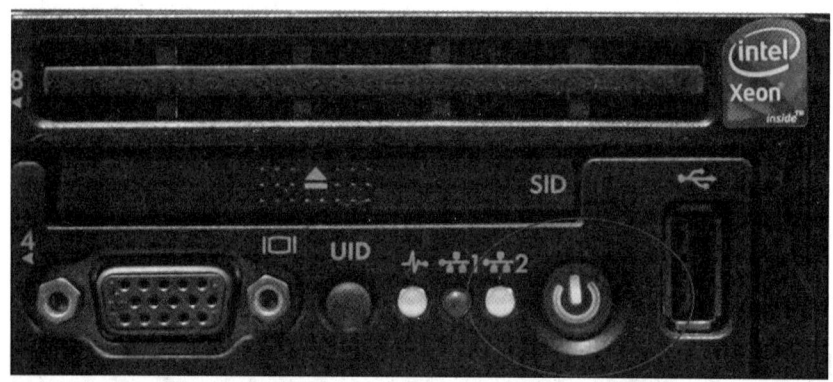

图 5-10 服务器开启按钮

（2）待这两个服务器完全开启后（显示 windows 桌面并有如图 5-11 所示命令提示符弹出），再开启 APP2 服务器。

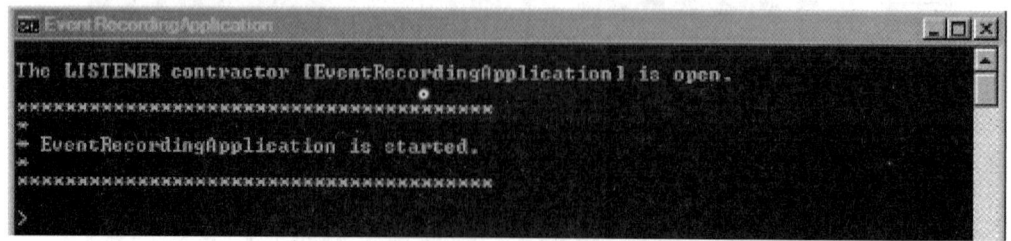

图 5-11 Archiving 服务器重启完毕

注意：图 5-12 所示界面是 APP2 服务器启动完毕的状态，APP1 重启完毕最后一行应显示"ServerApplicationOne is HOT"。

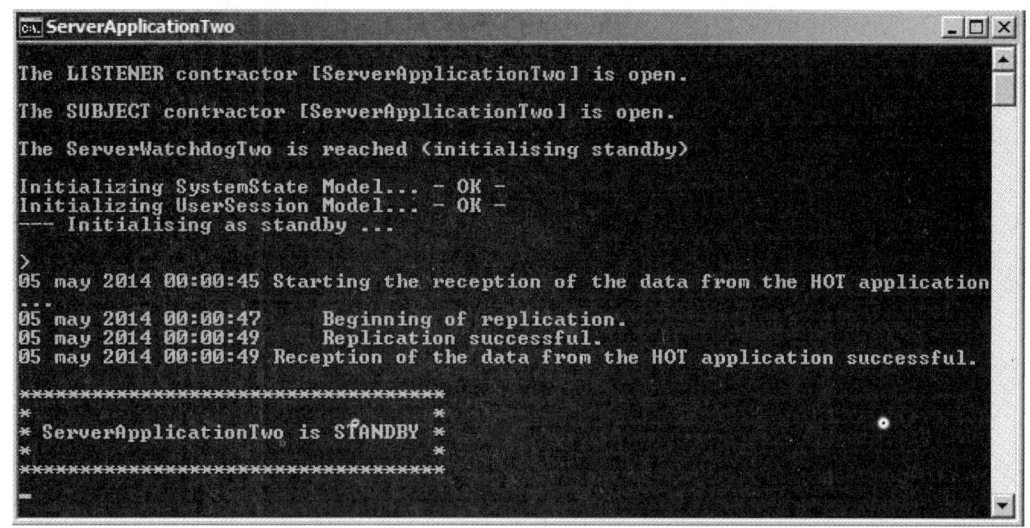

图 5-12　FRONTAM 服务器重启完毕（002 机开启完毕）

4. FRONTAM 服务器注销

对于 ZC_FRONTAM 系统而言，因为长时间处于工作状态，所以会发生服务器进程故障或通信死机的情况。当发生死机时，FRONTAM 工作站会如图 5-13 所示。服务器死机并不需要对整套系统进行重启工作，只需对单台故障服务器进行注销操作即可。

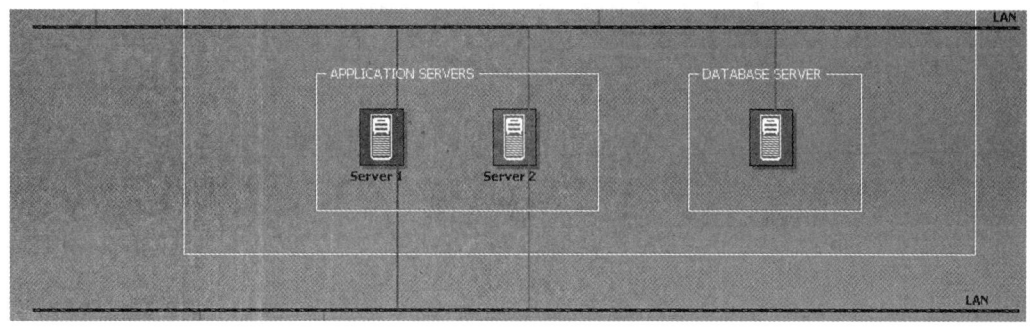

图 5-13　FRONTAM_APP1 服务器故障

若发生服务器死机情况，需通过 FRONTAM 机柜 KVM 主机按钮选择对应服务器（001 或 002），按正常开关电脑步骤进行注销操作，具体步骤如图 5-14 所示。

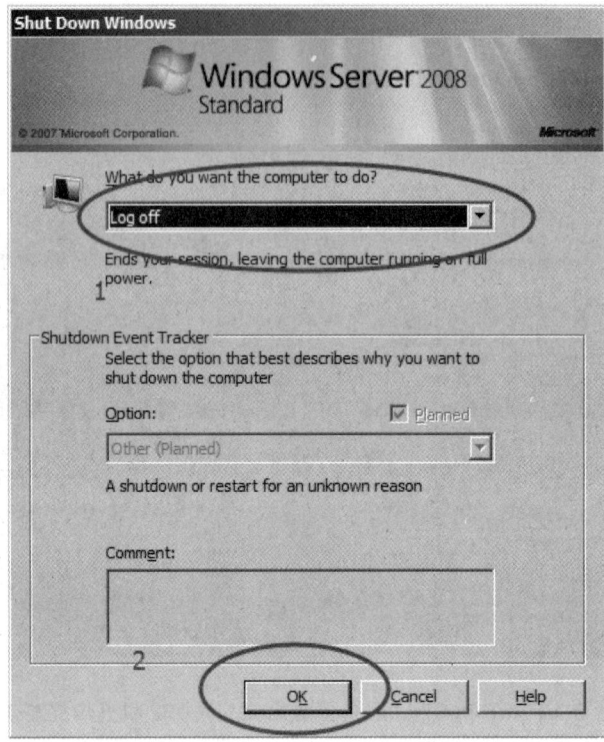

图 5-14　FRONTAM 服务器注销步骤

5. FRONTAM 工作站重启

（1）按 Ctrl + Alt + Del，关闭 "WorkstationApplication.exe" 进程，如图 5-15 所示，

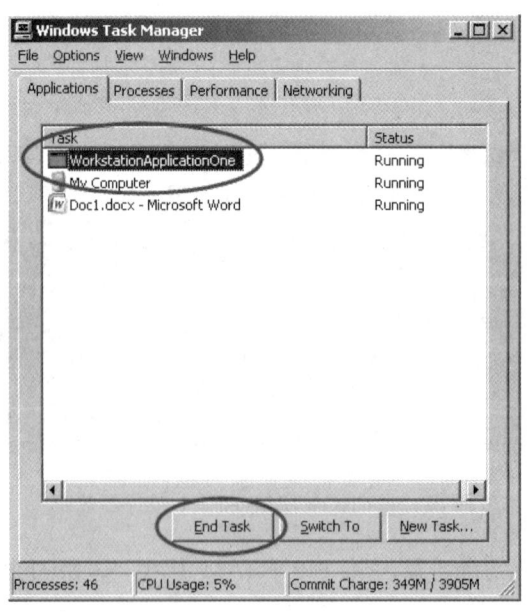

图 5-15　FRONTAM 工作站进程管理

该进程关闭后按电脑正常重启流程重启工作站，重启时输入密码"ftm_10"。

（2）重启后在桌面上双击"LaunchFullWrkstation.bat"快捷方式，打开 Frontam Workstation 运行程序，在程序打开后点击最下面的"PROFILE"，选择"MANAGER"，然后点击"CHANGE PROFILE"。

（3）点击"WAYSIDE AM"图标查看 ZC1、ZC2 的通信状态，正常情况 3 个图标均为绿色。

（4）点击 FRONTAM 图标进入通信界面。此界面显示 CBTC 各子系统之间的通信状态，绿色为通信良好，反之红色为连接异常。

单击 ZC1、ZC2 图标，查看 ZC 的连接状态，绿色为通信良好，反之红色为连接异常。

注：在 Frontam 重启后可能出现屏蔽门报警之类的消息，需要 OCC 配合，进行报警确认！

三、案例分析

1. ZC 单体正常运行，但不能正常工作

ZC 更新完软件重新启动后，单体能正常运行，通过 ATS 查看线路信号机未灭灯，ATC 灯为红灯，说明 ZC 没有正常工作。可按以下方法进行故障检查：

措施 1：检查 ZC 通信控制器 A 和通信控制器 B 上的外网通信网线是否松动；

措施 2：如果 DSU 也重启了，ATS 上是否对 DSU 进行了上电确认操作；

措施 3：检查 ZC 软件版本是否正确。

如果以上措施均无效，可联系专业工程师前往处理。

2. ZCM 记录软件停止记录数据

当 ZC 正常工作时，ZCM 可对 ZC 运行数据进行记录，此数据有助于 ZC 故障分析及处理，当检查发现 ZCM 停止记录数据时，可通过以下方法进行故障检查：

措施 1：检查 ZCM 软件是否已关闭；

措施 2：检查维护机硬盘是否已存满；

措施 3：重新启动维护机，由于 ZCM 软件配置了"看门狗"和开机自启动，重启维护机后 ZCM 软件能自动运行。

如果以上措施均无效，可联系专业工程师前往处理。

【复习思考题】

1. 简述速度传感器日常保养工艺标准。
2. 简述 TIA 天线及连接电缆小修检修标准。
3. 简述信标系统维护方法及操作方法。
4. ZC 如何重启？。
5. FRONTAM 服务器如何重启？
6. FRONTAM 服务器如何注销？

参考文献

[1] 成都地铁 1 号线 ATP 子系统技术规格书.

[2] 成都地铁 2 号线 ATP 子系统技术规格书.

[3] 成都地铁 4 号线 ATP 子系统技术规格书.

[4] 成都地铁信号系统运行及维护规程.

[5] 成都地铁 2 号线 ATP 子系统技术规格书.

[6] 林瑜筠. 城市轨道交通信号[M]. 北京：中国铁道出版社，2015.

[7] 邢红霞，李乐. 城市轨道交通信号系统[M]. 重庆：重庆大学出版社，2013.

[8] 成都地铁 1 号线一期工程 CBTC 系统技术规格书.